WOHLIG WARME
WINTERKÜCHE

WOHLIG WARME
WINTERKÜCHE

So schmeckt die kalte Jahreszeit

INHALT

EINLEITUNG 6

GAISBURGER MARSCH 13
PICHELSTEINER EINTOPF 14
KASTANIENCREMESUPPE
MIT REHRÜCKENSTREIFEN 17
LINSENEINTOPF MIT ZWIEBELN 18
BROKKOLI-PASTINAKEN-SUPPE
MIT SPECKSTREIFEN 21
KÜRBISSUPPE MIT BIRNE UND SELLERIEDIP ... 22

DEKORATION
GLÜCKSBRINGER IM GLAS 24
EISIGE SCHÖNHEIT 26

ROTE-BETE-SUPPE
MIT INGWER UND KOKOSMILCH 29
MÖHRENSUPPE MIT APFELSAFT 30
LAUCHCREMESUPPE 33
KÜRBISCREMESUPPE 34
SAUERKRAUTEINTOPF MIT KASSELER 37
HÜHNERTOPF MIT NUDELN UND GEMÜSE ... 38
CHILI CON CARNE 41

WINTERGEMÜSE

GEBRATENER KÜRBIS MIT SCHALOTTEN ... 45
PASTINAKEN-GNOCCHI MIT SALBEI 46
KÜRBISLASAGNE MIT PAK-CHOI UND SOJA ... 49
LINSEN-GEMÜSE-PFANNE
MIT KÜRBISKERNEN 50
ROSENKOHL-KARTOFFEL-GEMÜSE
MIT SENFVINAIGRETTE 53
ROSENKOHL UND BULGUR
MIT HASELNUSS-SESAM-PESTO 54

HEISSGETRÄNKE
GLÜHWEIN MIT SCHUSS 57
FEUERZANGENBOWLE 57
APFEL-ZIMT-PUNSCH 58
ZITRONEN-INGWER-TEE 59
HONIG-MANDEL-MILCH 59

KARTOFFELN UND ROSENKOHL
IN KÄSESOSSE 61
KNUSPRIGE ROSMARINKARTOFFELN 62
SPITZKOHL MIT SCHUPFNUDELN 65
WIRSINGGRATIN MIT CHEDDAR 66
ROSENKOHLGRATIN MIT CURRYSOSSE ... 69
MARONENAUFLAUF 70
KÜRBISSPÄTZLE 73
BROKKOLIPASTETE 74
BROKKOLI-WALNUSS-HÖRNCHEN 77
SPIRALEN MIT ROTEN LINSEN 78

EINLEITUNG

GULASCH	83
KOHLROULADEN	84
COLCANNON-PIE	87
KOHLRABIAUFLAUF MIT BRATWURST	88
KRAUTWICKEL MIT SÜSSER TOMATENSOSSE	91
REHMEDAILLONS MIT KÜRBIS-WIRSING-GEMÜSE	92
ZWIEBELROSTBRATEN	95
MINIROULADEN IN ROTWEINSOSSE	96

MENÜVORSCHLÄGE	
MENÜ 1	98
MENÜ 2	100

ZÜRCHER GESCHNETZELTES	103
SCHWEINEFILET IM WIRSINGMANTEL	104
GANS MIT APFELFÜLLUNG	107
SCHWEINSHACHSEN	108
SCHWEINEKOTELETT AUF WIRSING-APFEL-BETT	111
IRISH STEW	112
KÜRBIS-COUSCOUS MIT LAMM	115
REHRÜCKEN MIT PFEFFERKRUSTE	116
SCHWARZWURZEL-SPECK-QUICHE	119

SALZBURGER NOCKERLN	123
ZWETSCHGENKNÖDEL	124
OFENSCHLUPFER	127
ARMER RITTER	128
QUITTENAUFLAUF	131
WINTERLICHE GLÜHWEINSCHNITTEN	132
SCHOKOLADENTARTE MIT GERÖSTETEN HASELNÜSSEN	135
ZWETSCHGEN-MAULTASCHEN MIT FRUCHTSOSSE	136

CHRISTSTOLLEN	**139**
WALNUSSTARTE	141
DUKATENNUDELN	142
FRÜCHTEBROT	145
ROTWEINKUCHEN IM GLAS	146
WINTERLICHE APFELMUFFINS	149
KLASSISCHE BRATÄPFEL	150
APFELSTRUDEL IN DER FORM	153
FEINER APFELKUCHEN	154

REGISTER	156
IMPRESSUM UND BILDNACHWEIS	160

EINLEITUNG

Besonders wertvoll – Vitamine im WINTER

EINLEITUNG

KARTOFFEL, KOHLRABI & CO.

Während die Kartoffel erst einige Jahrhunderte bei uns heimisch ist, gehören Wurzel- und Knollengemüse zu den ersten Gemüsepflanzen, die Menschen einst sammelten. In den unter der Erde wachsenden Wurzeln und Knollen sammeln sich all die Vitamine, Mineral- und Ballaststoffe, die uns gesund durch die kalten Wintermonate bringen. Damit diese wertvollen Inhaltsstoffe nicht verloren gehen, sollten Sie das Gemüse erst kurz vor der Zubereitung schälen und in möglichst wenig Wasser schonend garen.

KRAFTPAKETE – VON GRÜNKOHL BIS WIRSING

Auch im Winter ist die Vielfalt von frischem, heimischem Gemüse verlockend groß. Die unterschiedlichen Sorten sind wahre Kraftpakete, vollgepackt mit Vitaminen und Mineralstoffen. Rote Bete, Schwarzwurzeln, Pastinaken, Möhren, Knollensellerie, Chicorée, Radicchio, Feld- und Endiviensalat sowie alle Kohlsorten gelten als klassische Wintergemüse. Sie werden in der kalten Jahreszeit geerntet oder lassen sich über lange Zeit ohne Geschmacksverlust lagern.

Dabei sind vor allem die Kohlsorten bei Alt und Jung beliebt. Außer den Sorten mit großen Blättern wie Weiß- und Rotkohl, Wirsing, Grünkohl, Chinakohl und Pak-Choi zählen dazu auch die feinen Sprossen und Knospen wie Blumenkohl, Brokkoli und Rosenkohl. Sie sind botanisch betrachtet die fleischig verdickten, nicht voll entwickelten Blütenstände der Pflanzen.

Ob weiß, grün, rot oder blau, Blatt, Spross oder Knospe – alle Kohlsorten sind reich an den Vitaminen B und C, Betacarotin, Kalium und Selen. Kohlgemüse hat einen niedrigen glykämischen Index, wenig Kalorien und viele bioaktive Stoffe, auch sekundäre Pflanzenstoffe genannt. Allerdings kann Kohl bei Menschen mit empfindlichem Magen Blähungen verursachen. Bekömmlicher wird er, wenn Sie ihn nicht roh essen, sondern mit etwas Kümmel dämpfen oder kochen.

SCHOKOLADE MACHT GLÜCKLICH

Es gibt Hunderte von Stoffen, die in kleinsten Mengen in der Schokolade zu finden sind. Die Wahrscheinlichkeit, dass einer davon beschwingt und glücklich macht, ist hoch. Sicher ist: Schokolade enthält den Stimmungsaufheller Theobromin und zudem noch Tryptophan, das vom Körper in das Glückshormon Serotonin umgewandelt wird.

EINLEITUNG

Dieser WINTER wird lecker!

EINLEITUNG

DEFTIGES AUS PFANNE UND OFEN

Wenn es draußen Stein und Bein friert, beginnt die Saison für leckere Gemüseaufläufe und üppige Fleischgerichte wie Zürcher Geschnetzeltes und Zwiebelrostbraten. Jetzt ist die Zeit für köstliche Ofengerichte – mal raffiniert und voller Aromen, mal bodenständig oder exotisch. Sie schmecken nicht nur der ganzen Familie, sie sind auch praktisch. Denn einmal ins Backrohr geschoben, garen sie quasi von allein.

ECHTE KLASSIKER

Alles Gute in einem Topf ist das Motto für kräftige Eintöpfe wie Gaisburger Marsch oder Pichelsteiner, um die sich unterhaltsame Geschichten ranken. So soll den Gaisburger Frauen, deren Männer im Krieg in Gefangenschaft geraten waren, einst gestattet gewesen sein, ihren Gatten täglich ein Essen zu bringen. Und so kochten die Schwäbinnen einen gehaltvollen Eintopf aus Rindfleisch, Spätzle, Kartoffeln und Gemüse, der bis heute beliebt ist. Zu Ehren des Pichelsteiners, 1742 erstmals für die Verköstigung einer hungrigen Soldatenhorde aus Fleischresten zubereitet, findet jedes Jahr in Regen das Pichelsteinerfest statt, das größte Volksfest im Bayerischen Wald. Auf eine noch längere Geschichte können Arme Ritter zurückblicken. Nach verlorenen Kriegen konnten sich Ritter und Knappen oft kein Fleisch mehr leisten und mussten sich mit altem Brot begnügen, das in reichlich Fett ausgebacken wurde. Mit diesem kargen Mahl haben die Armen Ritter in diesem Buch zum Glück nur noch den Namen gemein.

HEISSE GETRÄNKE FÜR KALTE TAGE

Zu den absoluten Klassikern der Winterzeit gehört der Glühwein, der vor allem in Mitteleuropa während der Adventszeit getrunken wird und sich besonders auf Weihnachtsmärkten großer Beliebtheit erfreut. Aber auch ein Glas aromatischer Apfel-Zimt-Punsch oder Zitronen-Ingwer-Tee, beide ohne Alkohol, sind ideal dazu geeignet, sich nach einem langen Winterspaziergang von innen aufzuwärmen. Egal für welches Heißgetränk man sich entscheidet: Lecker sind sie alle.

SUPPEN & EINTÖPFE

SUPPEN & EINTÖPFE

SUPPEN & EINTÖPFE

GAISBURGER MARSCH

FÜR 4 PORTIONEN

500 G RINDFLEISCH
1 MARKKNOCHEN
1 1/2 L WASSER
SALZ
250 G KARTOFFELN
4 MÖHREN
250 G SELLERIE
2 STANGEN LAUCH
2 EL BUTTER ODER ÖL
FRISCH GEMAHLENER PFEFFER
GERIEBENE MUSKATNUSS
1 BUND PETERSILIE

FÜR DIE SPÄTZLE:
250 G MEHL
2 EIER
200 ML WASSER

**ZUBEREITUNGSZEIT
CA. 75 MINUTEN**

1 Das Rindfleisch mit dem Markknochen und 1 ½ l kaltem Wasser in einen großen Topf geben. Aufkochen lassen, salzen und das Fleisch 1 Stunde garen. Das Fleisch herausnehmen und in Würfel schneiden. Die Brühe beiseitestellen.

2 Die Kartoffeln, die Möhren und den Sellerie schälen. Den Lauch von den äußeren Blättern befreien. Das Gemüse waschen und in Streifen schneiden. In einem Topf in der Butter oder dem Öl anbraten. Die Brühe zugießen und das Gemüse etwa 20 Minuten garen. Mit Salz, Pfeffer und Muskat kräftig würzen und dann verrühren.

3 Für die Spätzle das Mehl, die Eier und etwa 200 ml Wasser zu einem halbfesten Teig rühren. Spätzle zubereiten wie unten beschrieben. 5 Minuten in Salzwasser kochen lassen, herausnehmen und mit kaltem Wasser abspülen. Spätzle und Fleischwürfel in die Gemüsesuppe geben und bei schwacher Hitze erwärmen. Die Petersilie waschen, trocken tupfen und fein hacken. Die Suppe in eine Terrine füllen und die Petersilie darüberstreuen.

HANDGESCHABTE SPÄTZLE

Die Zutaten in einer Schüssel verrühren und kräftig kneten, bis der Teig Blasen wirft und sich vom Löffel löst. Reichlich Salzwasser zum Kochen bringen. Das Spätzlebrett mit kaltem Wasser abspülen, wenig Teig darauf geben, mit dem Spätzleschaber dünn ausstreichen. Lange, feine Spätzle in das kochende Salzwasser schaben. Wenn die Spätzle oben schwimmen, mit einem Schaumlöffel herausnehmen. Kurz durch kaltes Wasser ziehen.

SUPPEN & EINTÖPFE

PICHELSTEINER Eintopf

FÜR 4–5 PORTIONEN

750 G FLEISCH
(KALB, SCHWEIN UND RIND)
2 ZWIEBELN
1 STÜCK KNOLLENSELLERIE (200 G)
1 KLEINE PETERSILIENWURZEL
750 G KARTOFFELN
1 STANGE LAUCH
3 MÖHREN
80 G RINDERMARK
SALZ
PAPRIKAPULVER
2 LORBEERBLÄTTER
1/2 L FLEISCHBRÜHE
1 BUND PETERSILIE
FRISCHE MAJORANSTÄNGEL

**ZUBEREITUNGSZEIT
CA. 80 MINUTEN**

1 Das Fleisch waschen, trocknen, klopfen und in mundgerechte Stücke schneiden. Die Zwiebeln abziehen. Sellerie, Petersilienwurzel und Kartoffeln schälen und waschen. Alles in kleine Würfel schneiden. Die Lauchstange putzen, waschen und in Ringe schneiden. Möhren schälen, waschen und in dünne Scheiben schneiden.

2 Das Rindermark in Scheiben schneiden und einen Schmortopf damit auslegen. Darauf Fleisch, Zwiebeln, Gemüse und Kartoffeln schichtweise verteilen. Mit Salz und Paprikapulver würzen und die Lorbeerblätter dazugeben. Die Brühe zugießen. Den Topf mit dem Deckel verschließen und bei schwacher Hitze 70 Minuten köcheln lassen.

3 In der Zwischenzeit die Petersilie und einige Majoranstängel waschen und trocken tupfen. Die Petersilie fein hacken und die Majoranblättchen abzupfen.

4 Ca. 5 Minuten vor Ende der Garzeit den Eintopf gut mischen, bei Bedarf noch etwas Brühe zufügen, kurz aufkochen. Petersilie und Majoran darüberstreuen.

SUPPEN & EINTÖPFE

SUPPEN & EINTÖPFE

SUPPEN & EINTÖPFE

KASTANIENCREMESUPPE mit Rehrückenstreifen

FÜR 4 PORTIONEN

1 ZWIEBEL
2 EL BUTTER
400 G GEGARTE UND GESCHÄLTE MARONEN
(ESSKASTANIEN; IM VAKUUM)
800 ML WILDFOND (1 GLAS)
200 G SAHNE
SALZ
FRISCH GEMAHLENER PFEFFER
1 TL GEMAHLENER ZIMT
250 G REHRÜCKENFILET
KRESSE UND PREISELBEEREN ZUM GARNIEREN

ZUBEREITUNGSZEIT
CA. 15 MINUTEN

1 Die Zwiebel schälen und klein würfeln. 1 EL Butter in einem Topf erhitzen und die Zwiebelwürfel mit den Maronen darin in etwa 2 Minuten glasig dünsten.

2 Den Wildfond und die Sahne dazugießen und alles zum Kochen bringen. Die Suppe cremig pürieren und mit Salz, Pfeffer und ½ TL Zimt abschmecken.

3 Das Rehrückenfilet trocken tupfen und in feine Streifen schneiden. Die restliche Butter (1 EL) in einer Pfanne erhitzen und die Rehrückenstreifen etwa 1 Minute darin unter Wenden braten; mit Salz, Pfeffer und dem restlichen Zimt (½ TL) würzen.

4 Die Suppe kurz mit dem Stabmixer aufschäumen und auf vier Suppenteller oder Schalen verteilen. Die Rehrückenstreifen daraufgeben und die Suppe mit Kresse und Preiselbeeren garnieren; sofort servieren.

SUPPEN & EINTÖPFE

LINSENEINTOPF mit Zwiebeln

FÜR 4 PORTIONEN

1 1/2 EL PFLANZENÖL
3 MÖHREN
8 KNOBLAUCHZEHEN
75 G SHIITAKE-PILZE, IN SCHEIBEN GESCHNITTEN
100 G ROTE LINSEN, ABGESPÜLT
200 G TOMATEN, FEIN GEWÜRFELT
600 ML GEMÜSEBRÜHE
JE 3/4 TL GEMAHLENER KREUZKÜMMEL UND INGWER
1/2 TL GETROCKNETER SALBEI
225 G TK-ERBSEN
1 GROSSE ZWIEBEL, IN FEINE HALBRINGE GESCHNITTEN
2 TL ZUCKER
SALZ
FRISCH GEMAHLENER PFEFFER
BRÖTCHEN ZUM SERVIEREN

ZUBEREITUNGSZEIT CA. 75 MINUTEN

1 In einem großen Topf 1 EL Öl erhitzen. Die Möhren längs vierteln und quer in feine Scheiben schneiden. Zusammen mit dem ebenfalls in feine Scheiben geschnittenen Knoblauch bei mäßiger Hitze in etwa 5 Minuten weich dünsten.

2 Pilze, Linsen und Tomaten untermischen. Mit der Brühe aufgießen, mit Kreuzkümmel, Ingwer und Salbei würzen. Aufkochen, dann auf kleinerer Stufe zugedeckt 30 Minuten köcheln lassen, bis die Linsen gar sind. Die aufgetauten und abgetropften Erbsen 5 Minuten vor Ende der Garzeit untermischen.

3 Inzwischen in einer großen Pfanne das restliche Öl erhitzen. Die Zwiebelscheiben, mit Zucker bestreut, bei mäßiger Hitze 15–20 Minuten unter häufigem Rühren darin braten, bis sie leicht gebräunt sind.

4 Den Linseneintopf mit Salz und Pfeffer abschmecken. Die Zwiebeln daraufgeben und den Eintopf heiß servieren. Dazu Brötchen reichen.

SUPPEN & EINTÖPFE

SUPPEN & EINTÖPFE

SUPPEN & EINTÖPFE

BROKKOLI-PASTINAKEN-SUPPE mit Speckstreifen

FÜR 2 PORTIONEN

1 BROKKOLI (ETWA 400 G)
1 PASTINAKE
1 MÖHRE
2 KARTOFFELN
1 ZWIEBEL
1 EL OLIVENÖL
1 L GEMÜSEBRÜHE
SALZ
FRISCH GEMAHLENER PFEFFER
1/2 TL GEMAHLENER KÜMMEL
FRISCH GERIEBENE MUSKATNUSS
1 MSP. GEMAHLENER INGWER
2 SCHEIBEN DURCHWACHSENER SPECK

ZUBEREITUNGSZEIT
CA. 60 MINUTEN

1 Den Brokkoli putzen, waschen und in kleine Röschen teilen. Die Pastinake, die Möhre, die Kartoffeln und die Zwiebel schälen und zerkleinern.

2 Das Öl in einem Topf bei mittlerer Hitze heiß werden lassen. Die Zwiebel darin glasig dünsten, dann Pastinaken-, Möhren- und Kartoffelstückchen dazugeben und kurz mitdünsten; zum Schluss den Brokkoli hinzufügen.

3 Gemüsebrühe und Kümmel zum Gemüse geben und die Suppe etwa 30 Minuten köcheln lassen. Mit Salz, Pfeffer, Muskat und Ingwer kräftig würzen; noch 10 Minuten weiterköcheln lassen.

4 Inzwischen die Speckscheiben in Streifen schneiden und ohne Fett in einer Pfanne knusprig rösten. Die Suppe mit dem Stabmixer fein pürieren und auf zwei vorgewärmte Teller verteilen. Mit den Speckstreifen bestreuen und nach Belieben noch mit einem Löffel Joghurt oder saurer Sahne anrichten.

UNSER TIPP

Braten Sie die Speckstreifen ohne Fett in einer Pfanne knusprig. Wer mag, kann dabei noch Brotwürfel für Croûtons mitbraten.

SUPPEN & EINTÖPFE

KÜRBISSUPPE mit Birne und Selleriedip

FÜR 2 PORTIONEN

300 G HOKKAIDOKÜRBIS
3 MEHLIGKOCHENDE KARTOFFELN
1 SAFTIGE BIRNE
1,5 CM FRISCHER INGWER
1 UNBEHANDELTE ZITRONE
1 ZWIEBEL
1 EL OLIVENÖL
FRISCH GERIEBENE MUSKATNUSS
1/4 TL GEMAHLENER ZIMT
400 ML GEMÜSEBRÜHE
4 STÄNGEL FRISCHE MINZE
SALZ
FRISCH GEMAHLENER PFEFFER

ZUBEREITUNGSZEIT
CA. 45 MINUTEN

1 Den Hokkaidokürbis aufschneiden und schälen, mit einem Löffel die Kerne herauskratzen. Das Fruchtfleisch zerkleinern. Kartoffeln waschen, schälen und in kleine Würfel schneiden. Birne waschen, halbieren und entkernen. Eine Hälfte in Spalten, die andere in Stückchen schneiden.

2 Den Ingwer schälen und klein hacken. Von der Zitrone die Schale abreiben und den Saft auspressen. Die Zwiebel schälen und würfeln. Das Olivenöl in einem Topf erhitzen. Die Zwiebel darin glasig dünsten, Muskat und Zimt kurz mitrösten, dann Kürbis- und Kartoffelstücke dazugeben und mitdünsten.

3 Die Gemüsebrühe zur Kürbis-Kartoffel-Mischung in den Topf gießen. Den Ingwer, die Hälfte der Zitronenschale und die Birnenstücke hinzufügen. Alles etwa 15 Minuten köcheln lassen.

4 Die Minze waschen und bis auf 4 Blättchen klein hacken. Die Suppe pürieren, mit dem restlichen Zitronensaft sowie Salz und Pfeffer abschmecken und auf Teller verteilen.

5 Jeweils etwas Selleriedip (siehe unten) auf die Suppe geben und alles mit Minzeblättchen und Birnenspalten garnieren.

SELLERIEDIP

Für den Selleriedip 50 g gewürfelten Knollensellerie und 100 g Kartoffelwürfel in 75 ml Brühe mit 1 Msp. Galgantpulver und etwas Muskat in 10 Minuten weich garen. Pürieren. Mit 1 TL Mandelmus, etwas Zitronenschale und -saft sowie Salz und Pfeffer würzen.

SUPPEN & EINTÖPFE

SONDERSEITEN DEKORATION

MATERIAL FÜR EINE SCHNEEKUGEL

- GUMMIFIGUR
- NACH BELIEBEN GOLDSPRAY
- EINMACHGLAS MIT SCHRAUBDECKEL
- PLASTILIN-KNETMASSE IN WEIß
- STREUDEKO (SCHNEE ODER GLITTER)
- DEKOTEILE (PFLANZEN, PILZE ODER STÜCKE FÜR DIE MODELLEISENBAHN)
- PINSEL (ODER SCHWAMM)
- DESTILLIERTES WASSER
- SPÜLMITTEL
- DEKOBAND
- EVTL. HEISSKLEBER

GLÜCKSBRINGER IM GLAS

1 Besprühen Sie Ihre Gummifigur rundherum mit Goldlack, und lassen Sie sie gut trocknen.

2 Gestalten Sie mit der Knetmasse eine kleine Landschaft, und drücken Sie diese im Schraubdeckel das Glases fest. Achten Sie darauf, dass sich das Glas noch darüberstülpen lässt. Tupfen Sie mit einem Pinsel oder Schwamm in die Knetmasse, sodass eine grasähnliche Struktur entsteht.

3 Dekoteile in die Knetmasse stecken.

4 Drücken Sie die Figur fest in die Knetmasse.

5 Dann das Glas mit destilliertem Wasser füllen. Ein Tropfen Spülmittel im Wasser verhindert, dass der Schnee verklumpt. Deko-Schnee hinzufügen und anschließend den Deckel mit der Figur aufs Glas schrauben. Damit sich später keine Blasen bilden, sollten Sie darauf achten, dass sich keine Luft mehr im Glas befindet. Möglicherweise läuft bei diesem Schritt etwas Wasser über.

6 Zum Schluss den Deckel mit einem Band kaschieren und dieses eventuell mit etwas Heißkleber fixieren (großes Bild).

MIT EIN BISSCHEN ZEIT, GESCHICK UND FANTASIE SCHNEIT ES IM HANDUMDREHEN.

SONDERSEITEN DEKORATION

EISIGE SCHÖNHEIT

Draußen ist es eisig kalt, der Frost überzieht die Wiesen, und vom Himmel gleiten leise dicke Flocken herab. Die Zeit, in der man es sich gern zu Hause gemütlich macht. Richtig kuschelig wird es, wenn auf Ihrer Terrasse oder Ihrem Balkon eine Kerze flackert, die warmes Licht verbreitet. In einer Eislaterne kommt das Licht bei Minusgraden besonders gut zur Geltung.

1 Um diese selbst zu machen, brauchen Sie nicht viel: zwei Schüsseln aus Glas oder rostfreiem Stahl – eine kleinere und eine etwas größere.

2 In Letztere füllen Sie etwa vier Zentimeter hoch Wasser ein. Geben Sie die Schüssel ins Gefrierfach; sie muss eben stehen, damit die untere Eisschicht nachher gerade ist. Ist die Schicht gefroren, stellen Sie die kleinere Schüssel darauf und beschweren sie mit einem Gewicht. Der Raum zwischen den Wänden der beiden Behältnisse sollte etwa 2,5 Zentimeter betragen.

3 Diesen Spalt befüllen Sie mit Wasser und legen, gleichmäßig verteilt, schöne Beerenzweige auf die Oberfläche. Sie können natürlich auch andere (Blüten-)Blätter oder Knospen verwenden.

4 Nun geben Sie beide Schüsseln zurück ins Gefrierfach, bis das Wasser gefroren ist. Nehmen Sie diese heraus, und wischen Sie das kleinere obere Gefäß mit einem warmen Tuch aus, um es zu erwärmen und herauslösen zu können. Das größere äußere tauchen Sie kurz in warmes Wasser und drehen es danach um, damit sich die Eislaterne löst. Jetzt müssen Sie noch eine Kerze hineinstellen, und fertig ist die Eislaterne.

ALTERNATIVE:
In die Mitte eines Eimers eine leere Plastikflasche stellen. Den Eimer drei Viertel mit kaltem Wasser füllen. Die Zweige auf der Oberfläche verteilen. Die Flasche für besseren Halt mit Klebeband am Eimer fixieren. Zum Gefrieren nach draußen stellen. Um die Eisschale herauszulösen, die Plastikflasche mit heißem Wasser füllen und den Eimer von außen, zum Beispiel mit einem Fön, anwärmen, vorsichtig kippen.

EINE SELBST GEMACHTE EISLATERNE ZAUBERT ATMOSPHÄRE

SUPPEN & EINTÖPFE

SUPPEN & EINTÖPFE

ROTE-BETE-SUPPE mit Ingwer und Kokosmilch

FÜR 2 PORTIONEN

300 G ROTE BETE
2 FRÜHLINGSZWIEBELN
3 CM FRISCHER INGWER
1/2 UNBEHANDELTE ORANGE
1 EL BUTTER ODER GHEE
300 ML GEMÜSEBRÜHE
120 ML KOKOSMILCH
CAYENNEPFEFFER
SALZ
FRISCH GEMAHLENER PFEFFER
1/4 ZIMTSTANGE
1/2 STERNANIS

**ZUBEREITUNGSZEIT
CA. 50 MINUTEN**

1 Die Rote Bete schälen und in schmale Spalten schneiden. Die Frühlingszwiebeln putzen und waschen. Nur die weißen Teile fein würfeln, die grünen Teile in feine Streifen schneiden.

2 Den Ingwer schälen und fein reiben. Die Orangenschale abreiben, den Saft auspressen.

3 Butter oder Ghee in einem Topf bei mittlerer Hitze erwärmen. Die Rote Bete und die gewürfelten Frühlingszwiebeln darin andünsten. Die Gemüsebrühe zu den Rote Bete gießen, dann 100 ml Kokosmilch hinzufügen.

4 Cayennepfeffer, Salz, Ingwer, Orangensaft und -schale, Zimtstange und Sternanis dazugeben. Die Suppe zugedeckt etwa 30 Minuten köcheln lassen. Anschließend mit Salz und Pfeffer abschmecken. Die Zimtstange aus der Suppe nehmen.

5 Die Suppe fein pürieren und auf Teller verteilen. Mit der restlichen Kokosmilch ein Muster in jede Portion zeichnen; die Frühlingszwiebelstreifen darüberstreuen.

UNSER TIPP
Geben Sie ein paar Tropfen Kokosmilch in die Suppe und malen Sie mit einem Holzstäbchen daraus ein schönes Muster.

SUPPEN & EINTÖPFE

MÖHRENSUPPE mit Apfelsaft

FÜR 4 PORTIONEN

400 G MÖHREN
1 ZWIEBEL
1 EL ÖL
1/2 TL GETROCKNETER THYMIAN
750 ML GEMÜSEBRÜHE
250 ML APFELSAFT
2 EL MEHL
75 G CRÈME FRAÎCHE
SALZ
FRISCH GEMAHLENER PFEFFER
1 EL APFELBALSAMESSIG ODER APFELESSIG
2 EL APFELCHIPS

**ZUBEREITUNGSZEIT
CA. 20 MINUTEN**

1 Die Möhren putzen, schälen und grob reiben. Die Zwiebel schälen und würfeln. Das Öl in einem Topf erhitzen und die Zwiebelwürfel darin glasig dünsten. Die Möhren dazugeben und kurz mitdünsten; die Zwiebel-Möhren-Mischung mit Thymian würzen.

2 Die Gemüsebrühe in den Topf gießen. Alles aufkochen lassen und zugedeckt etwa 10 Minuten bei schwacher Hitze köcheln lassen.

3 Inzwischen den Apfelsaft mit dem Mehl verquirlen. Die Mischung in die Suppe rühren. Die Suppe unter gelegentlichem Rühren 2 Minuten köcheln lassen, bis sie leicht gebunden ist.

4 Die Möhrensuppe mit dem Stabmixer fein pürieren, dabei die Crème fraîche untermixen. Die Möhrensuppe mit Salz, Pfeffer und Essig abschmecken. In Suppentellern oder Suppentassen anrichten und mit Apfelchips bestreuen.

SUPPEN & EINTÖPFE

SUPPEN & EINTÖPFE

SUPPEN & EINTÖPFE

LAUCHCREMESUPPE

FÜR 4 PORTIONEN

500 G LAUCH
1 L GEMÜSEBRÜHE
200 G SAHNE
1 EL MEHL
KRÄUTERSALZ
FRISCH GEMAHLENER PFEFFER
2 EL ZITRONENSAFT
2 EL TROCKENER WERMUT
(Z. B. NOILLY PRAT, MARTINI)

ZUBEREITUNGSZEIT
CA. 20 MINUTEN

1 Den Lauch putzen, waschen und in Streifen schneiden. Die Gemüsebrühe in einem Topf zum Kochen bringen.

2 Den Lauch in die kochende Brühe geben und zugedeckt 3–4 Minuten garen. In der Zwischenzeit die Sahne mit dem Mehl verrühren.

3 Mit einem Schaumlöffel 2 EL vom gegarten Lauch aus der Brühe heben; beiseitestellen. Die Sahnemischung in die Gemüsebrühe gießen und alles unter Rühren aufkochen lassen, um die Suppe etwas zu binden. Die Suppe mit dem Stabmixer fein pürieren.

4 Die Suppe mit Kräutersalz, Pfeffer, Zitronensaft und Wermut abschmecken; auf Teller oder Suppentassen verteilen.

5 Die Suppenportionen mit den beiseitegestellten Lauchstreifen garnieren und sofort servieren.

SUPPEN & EINTÖPFE

KÜRBISCREMESUPPE

FÜR 4 PORTIONEN

ETWA 800 G KÜRBIS
(Z. B. MUSKATKÜRBIS)
1 ZUCCHINI
1 ZWIEBEL
1 KNOBLAUCHZEHE
2 EL ÖL
1/2 TL ZUCKER
1 L HÜHNERBRÜHE
2 EL KÜRBISKERNE
200 G SÜSSE SAHNE
SALZ
FRISCH GEMAHLENER PFEFFER
1 MSP. CAYENNEPFEFFER
2 EL APFELESSIG
2 EL KÜRBISKERNÖL

ZUBEREITUNGSZEIT
CA. 30 MINUTEN

1 Den Kürbis schälen und die Kerne herausnehmen; es sollten etwa 500 g Fruchtfleisch übrig bleiben. Die Zucchini waschen und die Enden abschneiden. Kürbisfruchtfleisch und Zucchini in etwa 1 cm große Würfel schneiden. Die Zwiebel schälen und würfeln. Den Knoblauch schälen und fein hacken.

2 Das Öl in einem großen Topf erhitzen. Zwiebel und Knoblauch darin glasig dünsten. Den Zucker darüberstreuen. Kürbis und Zucchini kurz mitdünsten, dabei umrühren. Die Hühnerbrühe dazugießen. Alles aufkochen, dann zugedeckt 15 Minuten köcheln lassen, bis das Gemüse weich ist.

3 In der Zwischenzeit die Kürbiskerne in einer Pfanne ohne Fett rösten (möglichst keine beschichtete, sondern am besten eine aus Edelstahl nehmen).

4 Die Suppe mit dem Stabmixer pürieren, dann die Sahne unterrühren oder -mixen. Mit Salz, Pfeffer, Cayennepfeffer und Apfelessig pikant abschmecken.

5 Die Suppe auf tiefe Teller oder Suppentassen verteilen. Jede Portion mit Kürbiskernöl beträufeln und mit Kürbiskernen bestreuen.

SUPPEN & EINTÖPFE

SUPPEN & EINTÖPFE

SUPPEN & EINTÖPFE

SAUERKRAUTEINTOPF mit Kasseler

FÜR 4 PORTIONEN

1 ZWIEBEL
400 G MEHLIGKOCHENDE KARTOFFELN
2 EL SCHWEINESCHMALZ
1/2 TL GETROCKNETER MAJORAN
4 WACHOLDERBEEREN
1/2 TL KÜMMELSAMEN
1 LORBEERBLATT
500 ML GEMÜSEBRÜHE
1 SÄUERLICHER APFEL
500 G WEINSAUERKRAUT
4 SCHEIBEN KASSELER RIPPCHEN (GEPÖKELT, GEGART; JE 200 G)
SALZ
FRISCH GEMAHLENER PFEFFER

ZUBEREITUNGSZEIT
CA. 30 MINUTEN

1 Die Zwiebel schälen und würfeln. Die Kartoffeln schälen und grob raspeln. Das Schweineschmalz in einer Kasserolle erhitzen und die Zwiebelwürfel darin glasig dünsten.

2 Kartoffeln, Majoran, Wacholderbeeren, Kümmelsamen, Lorbeerblatt und Gemüsebrühe dazugeben. Den Topfinhalt zum Kochen bringen und 5 Minuten köcheln lassen.

3 In der Zwischenzeit den Apfel schälen, vierteln, vom Kerngehäuse befreien und in kleine Würfel schneiden. Die Apfelwürfel und das Sauerkraut mitsamt der Flüssigkeit in den Topf geben und unterrühren; alles 5 Minuten garen.

4 Die Kasseler Rippchen auf die Sauerkrautmischung legen, den Topf schließen und den Eintopf 10 Minuten weiterköcheln lassen.

5 Zum Schluss das Gericht mit Salz und Pfeffer abschmecken. Auf vier tiefe Teller verteilen, auf jede Portion eine Scheibe Kasseler legen; servieren.

SUPPEN & EINTÖPFE

HÜHNERTOPF mit Nudeln und Gemüse

FÜR 4 PORTIONEN

1 ZWIEBEL
1 STANGE LAUCH
500 G MÖHREN
400 G HÄHNCHENBRUSTFILET
1 1/2 L HÜHNERBRÜHE
1 LORBEERBLATT
1/2 TL GETROCKNETER THYMIAN
150 G FEINE SUPPENNUDELN (KURZFADEN)
100 G TK-ERBSEN
4 PETERSILIENSTÄNGEL
SALZ
FRISCH GEMAHLENER PFEFFER
1/4 TL PAPRIKAPULVER, EDELSÜSS
FRISCH GERIEBENE MUSKATNUSS

**ZUBEREITUNGSZEIT
CA. 30 MINUTEN**

1 Die Zwiebel schälen, halbieren und in Streifen schneiden. Den Lauch putzen, waschen und in Streifen schneiden.

2 Die Möhren putzen, schälen, längs halbieren und quer in 5 mm dicke Scheiben schneiden oder hobeln. Das Hähnchenfleisch in 1,5 cm große Würfel schneiden.

3 Die Hühnerbrühe in einem Topf aufkochen. Lorbeerblatt, Thymian, Zwiebel, Lauch, Möhren und Hähnchenfleischwürfel dazugeben. Alles 3 Minuten in der Brühe köcheln lassen.

4 Anschließend die Nudeln hinzufügen und insgesamt 5 Minuten oder nach Packungsangabe garen. Nach 2 Minuten die gefrorenen Erbsen in die Suppe geben und das Ganze noch 3 Minuten köcheln lassen.

5 In der Zwischenzeit die Petersilie waschen und die Blättchen fein hacken. Die Suppe mit Salz, Pfeffer, Paprikapulver und Muskat würzen.

6 Den Hühnertopf auf tiefe Teller oder Schalen verteilen. Die Portionen mit Petersilie bestreuen und servieren.

UNSER TIPP

Wer die Hühnerbrühe selbst kocht, verwendet das darin gegarte Hühnerfleisch anstelle des Hähnchenbrustfilets.

SUPPEN & EINTÖPFE

SUPPEN & EINTÖPFE

SUPPEN & EINTÖPFE

CHILI CON CARNE

FÜR 6–8 PORTIONEN

1 GROSSE ZWIEBEL
1 KNOBLAUCHZEHE
2 EL ÖL
400 G RINDERHACKFLEISCH
1 1/2 TL GETROCKNETER OREGANO
1 EL CHILIPULVER
1/2 TL GEMAHLENER KREUZKÜMMEL
SALZ
FRISCH GEMAHLENER PFEFFER
1 EL TOMATENMARK
1 DOSE GEHACKTE TOMATEN
(400 G)
750 ML GEMÜSEBRÜHE
2 DOSEN ROTE KIDNEYBOHNEN
(ABTROPFGEWICHT JE 255 G)
4 STÄNGEL FRISCHES KORIANDER-
GRÜN ODER PETERSILIE
CAYENNEPFEFFER

**ZUBEREITUNGSZEIT
CA. 75 MINUTEN**

1 Die Zwiebel schälen, halbieren und in feine halbe Ringe schneiden. Knoblauch schälen und fein hacken. Das Öl in einem großen Topf erhitzen. Das Hackfleisch darin 2 Minuten bei starker Hitze anbraten, dabei mit einem Kochlöffel krümelig rühren.

2 Die Zwiebelringe zum Hackfleisch geben und 2 Minuten mitbraten. Die Fleischmischung mit Oregano, Chilipulver, Kreuzkümmel, Knoblauch, Salz und Pfeffer würzen.

3 Das Tomatenmark unterrühren. Die gehackten Tomaten und die Gemüsebrühe hinzufügen. Den Topfinhalt unter gelegentlichem Rühren aufkochen, dann zugedeckt 10 Minuten köcheln lassen.

4 Die Bohnen aus den Dosen in ein Sieb schütten, kalt abspülen und abtropfen lassen. In den Topf geben und 10 Minuten mitköcheln lassen.

5 Koriander oder Petersilie waschen und die Blättchen fein hacken. Das Chili con Carne mit Cayennepfeffer abschmecken, mit den gehackten Kräutern bestreuen und servieren.

WINTERGEMÜSE

WINTERGEMÜSE

WINTERGEMÜSE

GEBRATENER KÜRBIS mit Schalotten

FÜR 4 PORTIONEN

900 G BUTTERNUSSKÜRBIS ODER ANDERER SPEISEKÜRBIS
8 SCHALOTTEN
EINIGE STÄNGEL FRISCHER THYMIAN
1 TL OLIVENÖL
2 TL AHORNSIRUP ODER FLÜSSIGER HONIG
SALZ
FRISCH GEMAHLENER PFEFFER

ZUBEREITUNGSZEIT
CA. 45 MINUTEN

1 Den Backofen auf 190 °C vorheizen. Den Kürbis der Länge nach halbieren und Kerne und Schale entfernen. Das Kürbisfleisch in 3 cm große Würfel schneiden und in eine große Schüssel geben.

2 Die Schalotten schälen und mit dem Großteil des Thymians zum Kürbis geben. Ein paar Thymianstängel zum Garnieren aufheben.

3 Öl und Ahornsirup bzw. Honig mischen und nach Geschmack salzen und pfeffern. Über das Gemüse träufeln und dieses mehrfach wenden, bis alles gleichmäßig damit überzogen ist.

4 Das Gemüse in eine Bratform geben und im Backofen unter gelegentlichem Wenden 30–35 Minuten garen, bis es weich und goldbraun ist. Mit den restlichen Thymianstängeln garnieren und servieren.

WINTERGEMÜSE

PASTINAKEN-GNOCCHI mit Salbei

FÜR 2 PORTIONEN

300 G KARTOFFELN
200 G PASTINAKEN
SALZ
4 STÄNGEL SALBEI
50 G GERIEBENER PARMESAN
FRISCH GEMAHLENER PFEFFER
FRISCH GERIEBENE MUSKATNUSS
40 G KARTOFFELSTÄRKE
40 G DINKELMEHL (TYPE 630), MEHR ZUM ARBEITEN
3 EL BUTTER

ZUBEREITUNGSZEIT
CA. 50 MINUTEN

1 Kartoffeln und Pastinaken schälen, würfeln und in Salzwasser 15–20 Minuten weich kochen. Inzwischen den Salbei waschen, trocken schwenken und die Blätter abzupfen; einige beiseitelegen, die restlichen klein schneiden.

2 Kartoffeln und Pastinaken in ein Sieb abgießen. Zurück in den Topf geben und mit dem Kartoffelstampfer zerdrücken. Den Parmesan unter das Püree mischen. Das Püree mit Salz, Muskat und Pfeffer würzen. Nur so viel Kartoffelstärke und Mehl hinzufügen, bis ein formbarer Teig entsteht.

3 Aus dem Teig mit bemehlten Händen auf der bemehlten Arbeitsfläche fingerdicke Rollen formen. Mit der Gabel Klößchen von den Rollen abstechen und das typische Rillenmuster hineindrücken.

4 In einem Topf Salzwasser zum Kochen bringen. Gnocchi hineingeben und das Wasser aufwallen lassen, bis die Klößchen an die Oberfläche steigen.

5 Inzwischen in einer Pfanne die Butter zerlassen und die zerkleinerten Salbeiblätter darin leicht braten. Die Gnocchi aus dem Topf heben, abtropfen lassen und in der Salbeibutter wenden. Die Pastinaken-Gnocchi auf zwei vorgewärmten Tellern verteilen und mit den übrigen Salbeiblättern bestreuen.

WINTERGEMÜSE

WINTERGEMÜSE

KÜRBISLASAGNE mit Pak-Choi und Soja

FÜR 1 LASAGNEFORM (26 × 19 CM)

1 KLEINER HOKKAIDOKÜRBIS (600 G)
3 EL OLIVENÖL, MEHR FÜR DIE FORM
SALZ
FRISCH GEMAHLENER PFEFFER
1 KNOBLAUCHZEHE
50 G FEINE SOJA-SCHNETZEL (BIOREGAL IM SUPERMARKT ODER REFORMHAUS)
200 G STÜCKIGE TOMATEN
1 TL GEHACKTER THYMIAN
300 G PAK-CHOI (ERSATZWEISE SPINAT, WIRSING ODER GRÜNKOHL)
400 ML GEMÜSEBRÜHE
2 EL BUTTER
2 EL MEHL ODER SPEISESTÄRKE
40 G PARMESAN, GERIEBEN
PAPRIKAPULVER
FRISCH GERIEBENE MUSKATNUSS
150 G LASAGNEBLÄTTER (OHNE VORKOCHEN)
2 EL GEHACKTE KÜRBISKERNE

ZUBEREITUNGSZEIT
CA. 40 MINUTEN VORBEREITEN PLUS 30 MINUTEN GAREN

1 Den Backofen auf 180 °C vorheizen. Den Kürbis schälen, entkernen und in kleine Stücke schneiden. Diese auf einem Backblech verteilen; mit 1 EL Öl beträufeln, salzen und pfeffern. Im heißen Ofen etwa 30 Minuten garen, bis die Kürbisstücke weich sind und zu bräunen beginnen.

2 Gleichzeitig für die Tomatensoße Knoblauch schälen und zerkleinern. In einer Pfanne 1 EL Öl erhitzen. Knoblauch darin andünsten. Soja-Schnetzel dazugeben und mitdünsten. Tomaten, Thymian und ½ Tasse Wasser (80 ml) dazugeben; alles 20 Minuten köcheln lassen; salzen und pfeffern.

3 Pak-Choi putzen, waschen und in feine Streifen schneiden. Restliches Öl (1 EL) in einem Topf erhitzen. Kohl darin andünsten, die Gemüsebrühe dazugießen und das Gemüse 15 Minuten garen. In ein Sieb gießen, dabei die Flüssigkeit auffangen.

4 Für die Béchamelsoße die Butter in einem Topf zerlassen und Mehl oder Speisestärke darin anschwitzen. Unter Rühren nach und nach 300 ml Kochflüssigkeit zugießen. Die Hälfte des Parmesans in die Soße rühren. Köcheln lassen, bis die Soße andickt. Falls nötig, noch etwas Brühe unterrühren. Mit Salz, Pfeffer, Paprikapulver und Muskat abschmecken.

5 Die Form fetten. Kürbis, Lasagneblätter, Kohl, Tomaten- und Béchamelsoße hineinschichten. Mit einer Lage Lasagneblätter und Béchamelsoße abschließen. Mit restlichem Parmesan und den Kürbiskernen bestreuen. Im heißen Ofen etwa 30 Minuten garen.

WINTERGEMÜSE

LINSEN-GEMÜSE-PFANNE mit Kürbiskernen

FÜR 4 PORTIONEN

2 DOSEN LINSEN
(ABTROPFGEWICHT JEWEILS 265 G)
2 MÖHREN
1 STANGE LAUCH
1 STANGE SELLERIE
2 EL ÖL
1 SÄUERLICHER APFEL
SALZ
CAYENNEPFEFFER
1 MSP. ABGERIEBENE SCHALE VON
1 UNBEHANDELTEN ZITRONE
5 EL GEMÜSEBRÜHE
100 G SAHNE
4 EL GERÖSTETE KÜRBISKERNE

**ZUBEREITUNGSZEIT
CA. 30 MINUTEN**

1 Die Linsen in ein Sieb schütten, abbrausen und gut abtropfen lassen. Möhren putzen, schälen und in Stifte schneiden. Lauch putzen, waschen, längs halbieren und quer in dünne Halbringe schneiden. Selleriestange waschen, putzen und in dünne Scheiben schneiden.

2 In einer großen Pfanne das Öl erhitzen und Möhren und Sellerie darin etwa 2 Minuten braten. Den Lauch hinzufügen und alles unter Rühren noch etwa 2 Minuten braten.

3 Inzwischen den Apfel waschen, achteln, entkernen und quer in dünne Scheiben schneiden. Mit den Linsen unter das Gemüse in der Pfanne mischen; mit Salz, Cayennepfeffer und Zitronenschale würzen.

4 Brühe und Sahne unter Gemüse, Linsen und Apfel rühren; alles offen noch etwa 5 Minuten köcheln lassen. Das fertige Gericht mit den Kürbiskernen bestreuen und servieren.

UNSER TIPP

Je einen Esslöffel gehackte Petersilie und Basilikum mit den gerösteten, gehackten Kürbiskernen mischen und die Linsenpfanne damit bestreuen.

WINTERGEMÜSE

WINTERGEMÜSE

WINTERGEMÜSE

ROSENKOHL-KARTOFFEL-GEMÜSE mit Senfvinaigrette

FÜR 4 PORTIONEN

450 G KLEINE ROTSCHALIGE KARTOFFELN,
IN VIERTEL GESCHNITTEN
280 G ROSENKOHL,
IN VIERTEL GESCHNITTEN
1 ROTER APFEL, IN 1 CM GROSSE STÜCKE GESCHNITTEN
2 SELLERIESTANGEN,
IN DÜNNE SCHEIBEN GESCHNITTEN
3 FRÜHLINGSZWIEBELN,
IN RINGE GESCHNITTEN
120 ML APFELSAFT
80 ML WEISSER ESSIG
2 EL MEHL
1 EL SCHARFER, BRAUNER SENF
1 EL MEERRETTICH
1 TL OLIVENÖL
1/2 TL KÜMMELSAMEN

ZUBEREITUNGSZEIT
CA. 35 MINUTEN

1 Die Kartoffeln in einem großen Topf in kochendem Wasser etwa 5 Minuten garen. Den Rosenkohl dazugeben und weitere 5–8 Minuten kochen, bis er halbweich ist.

2 Das Wasser abgießen und die Kartoffeln und den Rosenkohl mit den Äpfeln, dem Sellerie und den Frühlingszwiebeln in eine große Salatschüssel geben.

3 Apfelsaft mit Essig, Mehl, Senf, Meerrettich, Öl, Kümmel und Salz in einem kleinen Topf vermischen. Unter Rühren etwa 2 Minuten bei mittlerer Hitze köcheln lassen.

4 Das heiße Dressing über das Gemüse gießen und alles gut durchmischen. Das Gemüse noch warm oder abgekühlt servieren.

WINTERGEMÜSE

ROSENKOHL UND BULGUR mit Haselnuss-Sesam-Pesto

FÜR 4 PORTIONEN

1 GROSSE ZWIEBEL
2 EL ÖL
250 G BULGUR
1 1/2 L GEMÜSEBRÜHE
1 LORBEERBLATT
2 TL GETROCKNETES SUPPEN-GEWÜRZ
900 G TK-ROSENKOHL
1 BUND PETERSILIE
50 G HASELNUSSKERNE
2 EL SESAMSAMEN
4 EL SESAMÖL
SALZ
FRISCH GEMAHLENER PFEFFER
FRISCH GERIEBENE MUSKATNUSS
1 EL ZITRONENSAFT

ZUBEREITUNGSZEIT
CA. 30 MINUTEN

1 Die Zwiebel schälen und würfeln. Das Öl in einem Topf erhitzen und die Zwiebelwürfel darin in wenigen Minuten glasig dünsten.

2 Den Bulgur unter die Zwiebel rühren. Lorbeerblatt und Suppengewürz hinzufügen. 1 Liter Gemüsebrühe dazugießen und zum Kochen bringen; den Bulgur 5 Minuten in der Brühe garen.

3 Die restliche Gemüsebrühe (500 ml) hinzufügen und aufkochen. Die gefrorenen Rosenkohlröschen in die Suppe geben und 15 Minuten in der sprudelnd kochenden Gemüsebrühe mitgaren.

4 In der Zwischenzeit die Petersilie waschen, die Blättchen abzupfen und grob zerkleinern. Die Haselnüsse, die Petersilie, die Sesamsamen, das Sesamöl und eine Messerspitze Salz im Blitzhacker oder in einem hohen Behälter mit dem Stabmixer zu einem Pesto mixen.

5 Die Rosenkohl-Bulgur-Suppe mit Salz, Pfeffer, Muskat und Zitronensaft abschmecken. Die Suppe in tiefen Tellern oder in Schalen anrichten. Auf jede Portion etwas Haselnuss-Sesam-Pesto geben und die Suppe servieren.

WINTERGEMÜSE

SONDERSEITEN HEISSGETRÄNKE

HEISSE GETRÄNKE FÜR KALTE TAGE

GLÜHWEIN MIT SCHUSS

FÜR 4 PORTIONEN

750 ML TROCKENER ROTWEIN
225 G ZUCKER
125 ML WEINBRAND
125 ML WASSER
2 ORANGEN, IN DÜNNE SCHEIBEN GESCHNITTEN
1 ZITRONE, IN DÜNNE SCHEIBEN GESCHNITTEN
2 ZERBRÖCKELTE ZIMTSTANGEN
9 GEWÜRZNELKEN
1 PRISE GERIEBENE MUSKATNUSS

1 Alle Zutaten in einen Topf geben. Bei schwacher Hitze unter Rühren bis kurz unter den Siedepunkt erhitzen.

2 5–10 Minuten unter gelegentlichem Rühren köcheln lassen, bis sich der Zucker aufgelöst hat und ein würziger Duft aufsteigt.

3 Den Topf vom Herd nehmen und den Glühwein durch ein Sieb in einen Krug gießen. Mit einer Zimtstange und einer Orangenscheibe heiß servieren.

FEUERZANGENBOWLE

FÜR 8 PORTIONEN

2 LITER ROTWEIN
2 ORANGEN
2 ZITRONEN
1 STANGE ZIMT
2 STERNANIS
5 NELKEN
1 FLASCHE RUM (54%IGER)
1 ZUCKERHUT

1 Orangen und Zitronen in Scheiben schneiden. Anschließend zusammen mit der Zimtstange, dem Sternanis, den Nelken und dem Rotwein in einem Topf erwärmen. Es darf aber nicht kochen!

2 Den Zuckerhut auf einem Drahtgitter über den Topf legen, mit Rum beträufeln und anzünden. Den Zuckerhut mit etwas Abstand anzünden. Dabei unbedingt beachten, dass hohe Stichflammen entstehen können! Es muss so lange Rum auf den Zuckerhut geträufelt werden, bis dieser vollständig in die Weinmischung getropft ist.

SONDERSEITEN HEISSGETRÄNKE

APFEL-ZIMT-PUNSCH

FÜR 4 PORTIONEN

10 CM ZIMTSTANGE
6 GEWÜRZNELKEN
1 L UNGESÜSSTER APFELSAFT
2 EL FLÜSSIGER HONIG
25 G ROSINEN
1 KLEINER TAFELAPFEL
2 EL ZITRONENSAFT

1 Die Zimtstange und die Gewürznelken in ein kleines Stoffsäckchen oder einen Teebeutel geben.

2 Apfelsaft, Honig und Rosinen in einem großen Topf mischen, den Gewürzbeutel zufügen und 1 Stunde stehen lassen, damit die Rosinen einweichen.

3 Den Apfel schälen, das Kernhaus entfernen und den Apfel in vier dicke Scheiben schneiden. Den Saft im Topf bei milder Hitze langsam erwärmen, die Apfelscheiben zufügen und etwa 20 Minuten ziehen lassen, bis die Äpfel anfangen weich zu werden.

4 Von der Kochstelle nehmen, den Gewürzbeutel herausnehmen und mit dem Zitronensaft mischen. Eine Apfelscheibe in jedes Glas geben und mit dem heißen Saft übergießen. Unbedingt einen Teelöffel ins Glas geben, der die Hitze aufnimmt und dadurch verhindert, dass es springt. Das Getränk sehr heiß servieren.

ZIRONEN-INGWER-TEE

WERDEN SIE VON EINER ERKÄLTUNG HEIMGESUCHT, IST DIESES WOHLTUENDE HEISSGETRÄNK DER ABWEHRSPEZIALIST NUMMER EINS.

1 1 Stück Ingwer (etwa 6 cm) schälen und klein schneiden. Die Schale von einer unbehandelten Zitrone abreiben, die Zitrone halbieren und auspressen.

2 ½ Stange Zitronengras von der äußeren Schale befreien und in Stücke schneiden. 4 Kardamomkapseln andrücken. Alle Zutaten in einen Krug geben und mit 500 ml kochendem Wasser übergießen.

3 Ca. 10 Minuten ziehen lassen, dann abseihen und in zwei Teegläser füllen. Nach Belieben mit Honig süßen.

HONIG-MANDEL-MILCH

DIESE DELIKATE KREUZUNG AUS TRINKDESSERT UND MILDEM SÜPPCHEN VERSÜSST DIE ABENDSTUNDEN, BERUHIGT DIE NERVEN UND VERTREIBT JEDEN STRESS.

1 50 g fein gemahlene geschälte Mandeln mit 125 ml Milch pürieren. In einem Topf 375 ml Milch zum Kochen bringen.

2 Unter ständigem Rühren 1 Päckchen Vanillezucker und das Mandel-Milch-Püree hinzufügen. Alles bei schwacher Hitze etwa 10 Minuten köcheln lassen. Topf vom Herd nehmen und mit 2 EL Akazien- oder Orangenhonig süßen.

3 Die Honig-Mandel-Milch in zwei Trinkschalen gießen. Mit etwas gemahlenem Zimt bestreuen und heiß servieren.

WINTERGEMÜSE

WINTERGEMÜSE

KARTOFFELN UND ROSENKOHL in Käsesoße

FÜR 4 PORTIONEN

750 ML GEMÜSEBRÜHE
900 G TK-ROSENKOHL
800 G GROSSE, VORWIEGEND FESTKOCHENDE KARTOFFELN
2 EL SPEISESTÄRKE
100 ML TROCKENER WEISSWEIN (Z. B. RIESLING)
125 G GERIEBENER KÄSE (Z. B. COMTÉ ODER GRUYÈRE)
75 G CRÈME FRAÎCHE
1/2 BUND SCHNITTLAUCH
KRÄUTERSALZ
FRISCH GEMAHLENER PFEFFER
FRISCH GERIEBENE MUSKATNUSS

ZUBEREITUNGSZEIT CA. 30 MINUTEN

1 Die Gemüsebrühe in einem Topf zum Kochen bringen. Gefrorenen Rosenkohl hineingeben, die Brühe erneut aufkochen lassen und die Kohlröschen 10 Minuten zugedeckt garen. Währenddessen die Kartoffeln schälen und in knapp 2 cm große Stücke schneiden.

2 Den Rosenkohl in ein Sieb abgießen und abtropfen lassen, dabei die Garflüssigkeit auffangen. Garflüssigkeit und Kartoffeln in den Topf geben. Aufkochen lassen und die Kartoffeln in 15–20 Minuten weich garen.

3 Die Speisestärke in dem Wein auflösen. Die Mischung zu den Kartoffeln gießen; alles 3 Minuten unter gelegentlichem Rühren köcheln lassen. Käse (bis auf 1 EL zum Bestreuen) und Crème fraîche unter die Kartoffeln rühren.

4 Die Rosenkohlröschen zu den Kartoffeln in den Topf geben. Schnittlauch waschen und in Röllchen schneiden.

5 Das Gericht mit Kräutersalz, Pfeffer und Muskat abschmecken; mit dem restlichen Käse und dem Schnittlauch bestreuen und servieren.

UNSER TIPP

Kräftiges Bauernbrot oder Weißbrot dazu reichen. Wer mag, kann die Brotscheiben auch mit Butter bestreichen und mit gekochtem Schinken belegen.

WINTERGEMÜSE

Knusprige ROSMARINKARTOFFELN

FÜR 4 PORTIONEN

4 ZWEIGE ROSMARIN
600 G GROSSE, VORWIEGEND FESTKOCHENDE KARTOFFELN
ETWA 2 EL BUTTERSCHMALZ
SALZ
FRISCH GEMAHLENER PFEFFER
3 EL OLIVENÖL
50 G GERIEBENER PARMESAN

ZUBEREITUNGSZEIT
CA. 30 MINUTEN

1 Die Rosmarinzweige waschen, Nadeln abzupfen und fein hacken. Die Kartoffeln schälen und in dünne Scheiben schneiden. Das geht am schnellsten in einer Küchenmaschine oder mit einem Hobel. Die Kartoffelscheiben mit Küchenpapier trockentupfen.

2 Das Butterschmalz in einer großen beschichteten Pfanne erhitzen. Die Hälfte der Kartoffelscheiben in die Pfanne geben. Mit Salz, Pfeffer und zwei Dritteln des gehackten Rosmarins bestreuen.

3 Die restlichen Kartoffeln darauf anordnen. Mit Salz, Pfeffer und dem restlichen gehackten Rosmarin bestreuen. Die Kartoffelscheiben mit dem Pfannenwender etwas flach drücken und bei mittlerer Hitze zugedeckt etwa 15 Minuten braten. Gelegentlich die Pfanne hin und her bewegen, damit die Kartoffelscheiben nicht am Pfannenboden ansetzen.

4 Die Kartoffeln mithilfe des Pfannendeckels oder eines großen flachen Tellers vorsichtig wenden, dabei das Olivenöl in die Pfanne geben. Die Kartoffelscheiben weitere 10 Minuten braten, bis sie weich und goldbraun sind. Die letzten 2 Minuten offen braten; in vier Portionen teilen und anrichten.

WINTERGEMÜSE

WINTERGEMÜSE

SPITZKOHL mit Schupfnudeln

FÜR 4 PORTIONEN

500 G SPITZKOHL
2 ZWIEBELN
2 EL ÖL
1 TL KÜMMELSAMEN
1 TL ZUCKER
1 EL WEISSWEINESSIG
SALZ
FRISCH GEMAHLENER PFEFFER
2 EL BUTTERSCHMALZ
1 KG SCHUPFNUDELN
(AUS DEM KÜHLREGAL)
1 TL HONIG
2 EL ZITRONENSAFT
KRÄUTERSALZ

ZUBEREITUNGSZEIT
CA. 30 MINUTEN

1 Den Spitzkohl putzen, waschen und in kurze, feine Streifen schneiden. Die Zwiebeln schälen; 1 Zwiebel in Würfel schneiden. Öl in einem Topf erhitzen und die Zwiebelwürfel darin glasig dünsten. Mit Kümmel und Zucker bestreuen.

2 Spitzkohlstreifen, Essig und etwa 3 EL Wasser zu den Zwiebeln geben. Mit Salz und Pfeffer würzen. Den Kohl zugedeckt etwa 10 Minuten unter gelegentlichem Rühren garen; falls nötig, noch etwas Wasser hinzufügen.

3 Inzwischen die zweite Zwiebel halbieren und in Streifen schneiden. Das Butterschmalz in einer Pfanne erhitzen und die Zwiebeln darin 5 Minuten braten. Die Schupfnudeln hinzufügen und 5 Minuten bzw. nach Packungsangabe unter gelegentlichem Wenden braten.

4 Den Honig und den Zitronensaft unter den Spitzkohl rühren. Das Kohlgemüse mit Kräutersalz abschmecken.

5 Das Spitzkohlgemüse auf Teller verteilen und die Schupfnudeln mitsamt Zwiebeln darauf oder daneben anrichten. Sofort servieren.

WINTERGEMÜSE

WIRSINGGRATIN mit Cheddar

FÜR 4 PORTIONEN

700 G WIRSING
750 ML GEMÜSEBRÜHE
200 G SAHNE
3 EL MEHL
BUTTER FÜR DIE FORM
2 EL SOJASOSSE
1 TL HONIG
1/2 TL GEMAHLENER KREUZKÜMMEL
1/2 TL GEMAHLENER KORIANDER
FRISCH GEMAHLENER PFEFFER
SALZ
1 EL ZITRONENSAFT
150 G GERIEBENER CHEDDAR
2 EL SESAMSAMEN

**ZUBEREITUNGSZEIT
CA. 30 MINUTEN**

1 Den Wirsing putzen, waschen und in Streifen schneiden. Die Gemüsebrühe in einem Topf aufkochen lassen und die Wirsingstreifen darin 5 Minuten köcheln lassen, dabei gelegentlich umrühren.

2 Inzwischen Sahne und Mehl glatt verrühren. Die Wirsingstreifen in ein Sieb abgießen und abtropfen lassen, dabei die Garflüssigkeit auffangen. Eine Gratinform fetten. Wirsing in die Form geben. Zuerst mit Sojasoße und Honig mischen, dann mit Kreuzkümmel, Koriander, Pfeffer und Salz würzen.

3 Den Backofen auf 220 °C vorheizen. 300 ml von der Garflüssigkeit abmessen und aufkochen lassen. Die Mehlsahne in die Flüssigkeit rühren; unter gelegentlichem Rühren 3 Minuten köcheln lassen. Die weiße Soße mit Zitronensaft und Pfeffer würzen. 50 g geriebenen Cheddar untermischen.

4 Den restlichen Cheddar mit den Sesamsamen mischen. Die Hälfte der Soße über den Wirsing gießen und untermischen. Die restliche Soße darauf verteilen und die Masse mit der Käse-Sesam-Mischung bestreuen. Den Auflauf im heißen Ofen (Mitte) etwa 15 Minuten überbacken.

UNSER TIPP

Statt Cheddar kann auch ein anderer würziger Hartkäse für die Soße und zum Überbacken verwendet werden. Sehr gut geeignet ist alter Gouda oder auch Comté.

WINTERGEMÜSE

WINTERGEMÜSE

WINTERGEMÜSE

ROSENKOHLGRATIN mit Currysoße

FÜR 4 PORTIONEN

500 ML GEMÜSEBRÜHE
900 G TK-ROSENKOHL
2 FRÜHLINGSZWIEBELN
2 CM INGWER
100 G SAHNE
2 EL SPEISESTÄRKE
20 G BUTTER, MEHR FÜR DIE FORM
150 G KOKOSMILCH
SALZ
1 TL SCHARFES CURRYPULVER
1 EL ZITRONENSAFT
1 EL ERDNUSSCREME
1 SCHEIBE WEISSBROT
2 EL GERÖSTETE ERDNUSSKERNE
2 EL KOKOSRASPEL

**ZUBEREITUNGSZEIT
CA. 30 MINUTEN**

1 Gemüsebrühe zum Kochen bringen. Gefrorene Rosenkohlröschen darin zugedeckt bei starker Hitze aufkochen, dann 10 Minuten zugedeckt garen.

2 Währenddessen Frühlingszwiebeln putzen, waschen und fein zerkleinern. Ingwer schälen und fein reiben. Sahne und Speisestärke verrühren. Den Backofen auf 220 °C vorheizen. Eine hohe Auflaufform fetten.

3 Den Rosenkohl in ein großes Sieb abgießen und gut abtropfen lassen, dabei die Garflüssigkeit auffangen. 250 ml davon und die Kokosmilch in einem Topf aufkochen lassen. Die Sahnemischung dazugießen; alles 3 Minuten unter gelegentlichem Rühren köcheln lassen. Mit Salz, Currypulver, Ingwer und Zitronensaft würzen. Erdnusscreme und Frühlingszwiebeln unterrühren.

4 Das Weißbrot grob zerbröseln und die Nüsse grob hacken. Brösel, Nüsse und Kokosraspel mischen.

5 Die Rosenkohlröschen unter die Soße ziehen. Das Ganze in die Form füllen und mit der Bröselmischung bestreuen. Die Butter in Stückchen darauf verteilen. Das Gratin im heißen Ofen (Mitte) etwa 10 Minuten überbacken.

WINTERGEMÜSE

MARONENAUFLAUF

FÜR 4 PORTIONEN

1 ZWIEBEL
1 KNOBLAUCHZEHE
400 G GROSSE MÖHREN
2 STANGEN SELLERIE
4 EL OLIVENÖL, MEHR FÜR DIE FORM
1 ROTSCHALIGER APFEL
(Z. B. COX ORANGE)
1 TL ZITRONENSAFT
400 G GEGARTE UND GESCHÄLTE ESSKASTANIEN
(MARONEN; IM VAKUUM)
1 TL ZUCKER
3 EL TROCKENER WEISSWEIN
50 ML GEMÜSEBRÜHE
1/2 BUND PETERSILIE
1/2 TL GETROCKNETER MAJORAN
SALZ
FRISCH GEMAHLENER PFEFFER
100 G CRÈME FRAÎCHE
60 G GERIEBENER GRUYÈRE ODER EMMENTALER
25 G GEHACKTE WALNUSSKERNE

ZUBEREITUNGSZEIT
CA. 30 MINUTEN

1 Die Zwiebel schälen und würfeln. Den Knoblauch schälen und fein hacken. Die Möhren schälen und in Stifte schneiden. Die Selleriestangen waschen, putzen und klein würfeln.

2 Eine flache Auflaufform fetten. Den Backofen auf 220 °C vorheizen. Apfel waschen und trocken reiben. In Viertel schneiden, entkernen und klein würfeln; sofort mit Zitronensaft beträufeln.

3 Die Hälfte des Öls in einer großen beschichteten Pfanne erhitzen. Zwiebelwürfel und Knoblauch darin glasig dünsten, dann Möhren und Sellerie 1 Minute mitdünsten.

4 Apfelwürfel und Kastanien hinzufügen und ebenfalls kurz mitdünsten. Den Zucker darüberstreuen und leicht karamellisieren lassen. Alles mit Wein und Gemüsebrühe ablöschen; 5 Minuten bei mittlerer Hitze zugedeckt garen.

5 Inzwischen die Petersilie waschen, Blättchen abzupfen und fein hacken. Die Maronen-Gemüse-Mischung mit Petersilie, Majoran, Salz und Pfeffer würzen. Crème fraîche unterrühren. Das Ganze in die Form füllen und mit dem geriebenen Käse und den Walnüssen bestreuen.

6 Den Auflauf mit 2 EL Olivenöl beträufeln und im heißen Ofen (Mitte) in etwa 15 Minuten knusprig überbacken.

WINTERGEMÜSE

WINTERGEMÜSE

WINTERGEMÜSE

KÜRBISSPÄTZLE

FÜR 4 PORTIONEN

300 G FRUCHTFLEISCH VON
1 KÜRBIS
(Z. B. HOKKAIDO ODER BUTTERNUSS)
300 G MEHL
4 EIER
SALZ

**ZUBEREITUNGSZEIT
CA. 20 MINUTEN**

1 In einem Topf Salzwasser zum Kochen bringen. Inzwischen das Kürbisfruchtfleisch in etwa 2 cm große Würfel schneiden. Diese ins kochende Salzwasser geben und etwa 5 Minuten bei mittlerer Hitze zugedeckt weich garen. Abgießen, abtropfen lassen und mit dem Stabmixer fein pürieren.

2 Zum Garen der Spätzle reichlich Salzwasser in einem großen Topf zum Kochen bringen.

3 In einer Rührschüssel das Kürbispüree mit dem Mehl, den Eiern und 1 TL Salz mit den Knethaken des Handrührgeräts verrühren. So lange rühren, bis ein zäher Teig entstanden ist, der Blasen wirft.

4 Sobald das Salzwasser kocht, den Teig portionsweise in den Spätzlehobel geben und ins Wasser hobeln. Die Spätzle sind gar, wenn sie an die Oberfläche steigen.

5 Die Spätzle mit einem Schaumlöffel aus dem Wasser heben und gut abtropfen lassen. Die Spätzle warm halten, bis alle Spätzle fertig sind.

WINTERGEMÜSE

BROKKOLIPASTETE

FÜR 4 PORTIONEN

300 G TK-BROKKOLI
1 ROLLE BLÄTTERTEIG
(275 G; AUS DEM KÜHLREGAL)
3 EIER
100 G SAHNE,
MEHR ZUM BESTREICHEN
150 G KRÄUTERFRISCHKÄSE
CHILIFLOCKEN
FRISCH GEMAHLENER PFEFFER
SALZ
BUTTER FÜR DIE FORM
SONNENBLUMENKERNE ZUM BESTREUEN

**ZUBEREITUNGSZEIT
CA. 50 MINUTEN**

1 In einem Topf Wasser mit Salz zum Kochen bringen. Eine runde oder ovale Quiche- oder Pieform (etwa 24 cm ⌀) mit Butter ausfetten. Den gefrorenen Brokkoli in das kochende Wasser geben.

2 Das Wasser erneut aufkochen lassen und den Brokkoli darin 1 Minute garen. Anschließend in ein Sieb abgießen und kalt abschrecken.

3 Den Backofen auf 200 °C vorheizen. Den Teig entrollen und die Form mit zwei Dritteln davon auskleiden.

4 Die Eier mit der Sahne und dem Frischkäse verquirlen. Den Eierguss mit zerriebenen Chiliflocken sowie etwas Pfeffer und Salz würzen.

5 Die Brokkoliröschen grob hacken und unter den Eierguss rühren. Diese Mischung in die ausgekleidete Form füllen. Falls etwas Teigrand übersteht, diesen über die Füllung klappen und mit etwas Sahne bestreichen.

6 Aus dem restlichen Teig einen passenden Deckel formen und die Füllung damit bedecken. Den Teigdeckel mit etwas Sahne bestreichen und mit Sonnenblumenkernen bestreuen.

7 Die Pastete im heißen Ofen 30 Minuten backen. Aus dem Ofen nehmen, etwas abkühlen lassen und in Stücke schneiden. Lauwarm servieren.

WINTERGEMÜSE

WINTERGEMÜSE

WINTERGEMÜSE

BROKKOLI-WALNUSS-HÖRNCHEN

FÜR 4 PORTIONEN

750 G BROKKOLI
2 ZWIEBELN
SALZ
400 G KURZE NUDELN
(Z. B. HÖRNCHEN)
2 EL ÖL
100 G WALNUSSKERNE
25 G BUTTER
KRÄUTERSALZ
FRISCH GEMAHLENER PFEFFER
FRISCH GERIEBENE MUSKATNUSS
50 G GERIEBENER PARMESAN

**ZUBEREITUNGSZEIT
CA. 25 MINUTEN**

1 Vom Brokkoli die Röschen ablösen; diese waschen, putzen und in mundgerechte Stücke teilen. Den Strunk schälen und in Würfel schneiden. Die Zwiebeln schälen und in Streifen schneiden.

2 In einem Topf Wasser mit Salz zum Kochen bringen. Den zerkleinerten Brokkoli ins kochende Wasser geben und insgesamt 10 Minuten garen. Die Nudeln ebenfalls in das kochende Wasser geben und mit dem Brokkoli garen (dabei die angegebene Kochzeit auf der Packung beachten). Gelegentlich umrühren.

3 Während Brokkoli und Nudeln garen, das Öl in einer Pfanne erhitzen und die Zwiebeln darin braten.

4 Die Walnüsse grob zerkleinern, zu den Zwiebeln geben und kurz mitbraten. Die Butter hinzufügen und schmelzen lassen.

5 Vom Kochsud 2 EL abnehmen und beiseitestellen. Brokkoli und Nudeln in ein Sieb abgießen, abtropfen lassen und anschließend zurück in den Topf geben.

6 Die Zwiebel-Nuss-Mischung und 2 EL Kochsud unter die Nudeln mischen. Mit Kräutersalz, Pfeffer und Muskat würzen. Die Brokkoli-Walnuss-Nudeln in tiefen Tellern oder Schalen anrichten und mit dem Käse bestreuen.

WINTERGEMÜSE

SPIRALEN mit roten Linsen

FÜR 4 PORTIONEN

200 G ROTE LINSEN
600 ML GEMÜSEBRÜHE
1 LORBEERBLATT
1 LIEBSTÖCKELZWEIG ODER
1/2 TL GETROCKNETER LIEBSTÖCKEL
SALZ
400 G DINKEL-SPIRALNUDELN
ODER ANDERE VOLLKORNNUDELN
250 G TOMATEN
1 GRÜNE PAPRIKASCHOTE
1 KNOBLAUCHZEHE
2 EL OLIVENÖL
FRISCH GEMAHLENER PFEFFER
1/2 TL GEMAHLENER KORIANDER
1/2 BUND PETERSILIE
2 FRÜHLINGSZWIEBELN
1 EL KRÄUTERESSIG

**ZUBEREITUNGSZEIT
CA. 25 MINUTEN**

1 Die Linsen waschen und abtropfen lassen. Die Gemüsebrühe in einem Topf aufkochen lassen. Mit Lorbeerblatt und Liebstöckel würzen. Die Linsen in die Brühe geben und in etwa 10 Minuten darin weich garen.

2 Inzwischen in einem zweiten Topf Wasser mit Salz zum Kochen bringen. Die Nudeln darin nach Packungsangabe bissfest garen.

3 Während die Nudeln garen, die Tomaten waschen, von den grünen Stielansätzen befreien und in Würfel schneiden. Die Paprikaschote putzen, waschen und in Stücke schneiden. Den Knoblauch schälen, salzen und zerdrücken.

4 In einem weiteren großen Topf 1 EL Olivenöl erhitzen. Die Paprikastreifen darin unter gelegentlichem Wenden 2 Minuten braten. Tomaten dazugeben und 5 Minuten miterhitzen, dabei gelegentlich umrühren. Mit Salz, Pfeffer, Knoblauch und Koriander würzen.

5 Die Linsen mitsamt Garflüssigkeit zur Tomatenmischung geben und 5 Minuten ziehen lassen. Währenddessen die Petersilie waschen und fein hacken. Die Frühlingszwiebeln putzen, waschen und fein zerkleinern.

6 Die Nudeln abgießen, kurz abtropfen lassen und unter die Linsen mischen. Mit Salz, Pfeffer und Kräuteressig abschmecken. Petersilie und Frühlingszwiebeln untermischen.

7 Die Linsen-Nudel-Mischung auf vorgewärmte Teller verteilen. Mit dem restlichen Olivenöl (1 EL) beträufeln und sofort servieren.

WINTERGEMÜSE

HAUPTGERICHTE

HAUPTGERICHTE

HAUPTGERICHTE

GULASCH

FÜR 4 PORTIONEN

1 KG RINDFLEISCH OHNE KNOCHEN
(BEINFLEISCH ODER RIPPENSTÜCK)
100 G SPECK
3 KLEINE ODER 2 GROSSE
ZWIEBELN
375 ML FLEISCHBRÜHE
1/2 TL KÜMMEL
SALZ
FRISCH GEMAHLENER PFEFFER
1 MSP. PAPRIKAPULVER
250 G SAURE SAHNE
15 G MEHL

**ZUBEREITUNGSZEIT
CA. 80 MINUTEN**

1 Das Fleisch waschen, trocken tupfen und in mundgerechte Stücke schneiden. Den Speck in Würfel schneiden. Die Zwiebeln abziehen und fein hacken. Die Brühe aufkochen. Den Speck in einem Topf erhitzen und das Fett ausbraten.

2 Die Zwiebeln und dann das Fleisch zugeben und etwa 4 Minuten unter ständigem Rühren anbraten. Mit Kümmel, Salz, Pfeffer und 1 Msp. Paprikapulver würzen.

3 Die kochende Brühe zugießen und kurz aufkochen. Den Topf schließen und bei schwacher Hitze 1 Stunde köcheln lassen.

4 Die Sahne und das Mehl verrühren und die Soße damit binden.

UNSER TIPP

Dem Gulasch 500 g geschälte und in Würfel geschnittene Tomaten und eine zerdrückte Knoblauchzehe hinzufügen. Statt des Mehls nach 40 Minuten Kochzeit zwei gewürfelte Kartoffeln zugeben.

HAUPTGERICHTE

KOHLROULADEN

FÜR 4 PORTIONEN

1 BRÖTCHEN
1 KLEINE ZWIEBEL
400 G RINDERHACKFLEISCH
350 G SCHWEINEHACKFLEISCH
SALZ
FRISCH GEMAHLENER PFEFFER
GERIEBENE MUSKATNUSS
1 EI
1 KOPF WEISSKOHL
KÜMMEL
200 G WURZELWERK
3 EL SCHWEINESCHMALZ
4 SCHEIBEN GERÄUCHERTER MAGERER SPECK
1 EL MEHL

ZUBEREITUNGSZEIT
CA. 45 MINUTEN PLUS
45 MINUTEN BACKEN

1 Für die Füllung das Brötchen in lauwarmem Wasser 20 Minuten einweichen, dann ausdrücken. Inzwischen die Zwiebel abziehen und fein hacken. Das ganze Hackfleisch sowie Brötchen, Zwiebel, Salz, Pfeffer, Muskat und Ei gut vermischen.

2 Den Kohl vom Strunk befreien. Die großen Blätter ablösen. Salzwasser aufkochen und die Blätter darin ziehen lassen, dann mit Wasser abspülen und abtropfen lassen.

3 Die Blätter und die Füllung in 4 Portionen aufteilen. Die Blätter pro Portion überlappend auslegen und mit Salz, Pfeffer und Kümmel bestreuen. Die Füllung darauf legen. Die Blätter zusammenrollen und mit Küchengarn zubinden.

4 Wurzelwerk waschen und klein schneiden. Schmalz in einem Topf erhitzen und das Wurzelwerk darin anbraten. Die Kohlrouladen dazugeben, den Speck darauf legen. Im Backofen 45 Minuten backen, dann herausnehmen. Das Mehl mit Wasser verrühren und den Bratensatz damit ablöschen. Die Soße zu den Rouladen reichen.

UNSER TIPP

Der beim Kochen entstehende Kohlgeruch ist nicht jedermanns Sache. Wenn man dem Kochwasser ein Stück Brot zugibt, wird der Geruch deutlich gemildert.

HAUPTGERICHTE

HAUPTGERICHTE

HAUPTGERICHTE

COLCANNON-PIE

FÜR 4 PORTIONEN

500 G HÄHNCHENBRUSTFILET
1 ZWIEBEL
3 MÖHREN
2 EL SONNENBLUMENÖL
250 ML GEFLÜGELBRÜHE
250 ML UNGESÜSSTER APFELWEIN
1 EL FEIN GEHACKTER ESTRAGON
2 ÄPFEL, Z. B. COX ORANGE
SALZ
FRISCH GEMAHLENER PFEFFER
1 EL SPEISESTÄRKE

AUSSERDEM
750 G MEHLIGKOCHENDE KARTOFFELN
1/2 WIRSING (ETWA 250 G)
100 ML MILCH
25 G BUTTER

ZUBEREITUNGSZEIT
CA. 60 MINUTEN

1 Das Hähnchenfleisch in mundgerechte Stücke schneiden. Zwiebel und Möhren schälen. Die Zwiebel in Ringe hobeln. Die Möhren in Scheiben schneiden. Das Öl in einem Topf erhitzen. Die Zwiebel etwa 5 Minuten darin dünsten. Das Hähnchenfleisch zufügen und 5 Minuten anbraten.

2 Die Möhren zugeben. Die Brühe und den Apfelwein zugießen. Mit dem Estragon bestreuen. Zum Kochen bringen und alles zugedeckt bei geringer Hitze etwa 10 Minuten köcheln lassen.

3 Inzwischen die Äpfel waschen, trocken reiben, halbieren, entkernen und in Spalten schneiden. Zum Hähnchenfleisch geben und alles zugedeckt weitere 10 Minuten köcheln lassen.

4 Die Kartoffeln schälen, klein würfeln und in kochendem Wasser etwa 15 Minuten weich garen. Dann abgießen, kurz ausdampfen lassen und in eine Schüssel geben. Den Wirsing in feine Streifen schneiden. Separat in kochendem Wasser etwa 5 Minuten bissfest garen, gut abtropfen lassen.

5 Die Milch erwärmen. Die Butter darin schmelzen lassen. Die Kartoffeln mit einem Kartoffelstampfer zerdrücken, dabei die Milchmischung zufügen. Den Wirsing darunterrühren. Das Püree mit Salz und Pfeffer würzen. Den Grill auf höchster Stufe vorheizen.

6 Das Hähnchenragout mit einem Schaumlöffel in eine feuerfeste Form geben. Die Speisestärke mit 1 EL kaltem Wasser anrühren. Die Soße im Topf damit binden. Mit Salz und Pfeffer würzen und über das Ragout gießen. Das Püree darauf verteilen. Unter dem Grill etwa 5 Minuten goldgelb backen. Heiß servieren.

HAUPTGERICHTE

KOHLRABIAUFLAUF mit Bratwurst

FÜR 4 PORTIONEN

1 KG KOHLRABI MIT ZARTEN BLÄTTCHEN
SALZ
3 FRÜHLINGSZWIEBELN
300 G SCHMAND
1 TL SPEISESTÄRKE
125 G GERIEBENER GRUYÈRE ODER BERGKÄSE
FRISCH GEMAHLENER PFEFFER
1/2 TL GETROCKNETER MAJORAN
1 MSP. GEMAHLENER KORIANDER
2 EL OLIVENÖL, MEHR FÜR DIE FORM
400 G ROHE BRATWURST

ZUBEREITUNGSZEIT
CA. 15 MINUTEN PLUS
15 MINUTEN BACKEN

1 Kohlrabi schälen, halbieren und in etwa 5 mm dicke Stifte schneiden. Die Kohlrabi-Blättchen beiseitelegen. Salzwasser in einem Topf zum Kochen bringen und die Kohlrabistifte darin zugedeckt 8 Minuten vorgaren.

2 Inzwischen die Frühlingszwiebeln putzen, waschen und fein zerkleinern. Schmand mit Speisestärke glatt rühren. 25 g geriebenen Käse und die Frühlingszwiebeln unterrühren. Schmandcreme mit Salz, Pfeffer, Majoran und Koriander pikant abschmecken.

3 Den Backofen auf 220 °C vorheizen. Eine flache Auflaufform fetten. Kohlrabistifte abgießen und abtropfen lassen. Wurstbrät aus den Hüllen drücken und in mundgerechte Stücke teilen.

4 Die Kohlrabistifte in die Form geben und die Wurststücke darauf verteilen. Alles mit der Schmandcreme bestreichen, mit dem restlichen Käse bestreuen und mit 2 EL Olivenöl beträufeln.

5 Den Auflauf im heißen Ofen (Mitte) etwa 15 Minuten überbacken. Mit den Kohlrabi-Blättchen garnieren.

HAUPTGERICHTE

HAUPTGERICHTE

HAUPTGERICHTE

KRAUTWICKEL mit süßer Tomatensoße

FÜR 6 – 8 PORTIONEN

14 GROSSE WEISSKOHLBLÄTTER
350 G GEGARTER LANGKORNREIS
(ETWA 140 G ROHER REIS)
250 G CHAMPIGNONS
1 KLEINE ZWIEBEL
2 EIER
125 ML MILCH
2 TL SALZ
JE 1 TL GETROCKNETE PETERSILIE,
GETROCKNETER OREGANO UND
GETROCKNETES BASILIKUM
1/2 TL PFEFFER
1 KG MAGERES HACKFLEISCH
VOM RIND

FÜR DIE SOSSE
500 ML TOMATENSOSSE
100 G BRAUNER ZUCKER
2 EL ZITRONENSAFT
2 TL WORCESTERSOSSE

ZUBEREITUNGSZEIT
CA. 40 MINUTEN PLUS
60 MINUTEN GAREN

1 Einen ganzen Kopf Weißkohl in reichlich Wasser kochen, bis die äußeren Blätter weich sind und sich vom Strunk lösen lassen. Den Kohl aus dem Topf heben und die losen Blätter abtrennen. Weitere Blätter genauso vorbereiten. Damit sich die Blätter gut aufrollen lassen, die dicke Mittelrippe keilförmig herausschneiden.

2 Inzwischen den Reis kochen. Champignons in Scheiben und die Zwiebel in kleine Würfel schneiden.

3 In einer großen Schüssel Eier, Milch, Reis, Pilze, Zwiebel, Gewürze und Kräuter vermengen und gleichmäßig mit dem Hackfleisch vermischen.

4 In die Mitte jedes Kohlblatts etwa 120 g Hackfleischmasse geben. Am unteren Ende beginnend, die seitlichen Blattränder einschlagen und das Blatt zu einer Roulade aufrollen. Mit Küchengarn umwickeln.

5 Nebeneinander 7 Rouladen mit der Naht nach unten in eine ofenfeste Kasserolle legen. Die Zutaten für die Soße verrühren und die Hälfte davon über die Rouladen gießen. Die übrigen Rouladen darauflegen und mit der restlichen Soße überziehen. Zugedeckt im 160 °C heißen Backofen 1 Stunde garen.

HAUPTGERICHTE

REHMEDAILLONS mit Kürbis-Wirsing-Gemüse

FÜR 2 PORTIONEN

250 G REHRÜCKEN, IN 6 MEDAILLONS GESCHNITTEN
SALZ
FRISCH GEMAHLENER PFEFFER
2 EL GEMAHLENE HASELNUSSKERNE ODER MANDELN
20 G SEMMELBRÖSEL ODER GEMAHLENE KÜRBISKERNE
4 EL BUTTER

FÜR DAS GEMÜSE
1/2 ZWIEBEL
80 G WIRSING
80 G KÜRBIS (HOKKAIDO)
2 TL KÜRBISKERNÖL
100 ML GEMÜSEBRÜHE
2 EL SAHNE
SALZ
FRISCH GERIEBENE MUSKATNUSS
BLÄTTER VON 3 ZWEIGEN KERBEL
1 EL GERÖSTETE KÜRBISKERNE

ZUBEREITUNGSZEIT
CA. 30 MINUTEN PLUS
10 MINUTEN BACKEN

1 Für das Gemüse die Zwiebel fein würfeln. Wirsing putzen, waschen und in Streifen schneiden. Kürbis schälen und ebenfalls in Streifen schneiden. Wirsing und Kürbis für etwa 2 Minuten in kochendes Wasser geben; in ein Sieb schütten, kalt abschrecken und abtropfen lassen.

2 Das Kürbiskernöl in einer Pfanne erhitzen; die Zwiebel darin glasig dünsten. Wirsing und Kürbis hinzufügen; alles 10 Minuten garen. Brühe und Sahne unterrühren. Gemüse mit Salz und Muskat würzen. Kerbel und Kürbiskerne daruntermischen.

3 Die Medaillons salzen und pfeffern. Backofen auf 190 °C vorheizen. Nüsse und Semmelbrösel oder gemahlene Kürbiskerne in 2 EL Butter rösten; salzen und pfeffern. Die restliche Butter (2 EL) in einer weiteren Pfanne erhitzen. Medaillons darin anbraten, in eine ofenfeste Form geben und die Nussmasse darauf verteilen. Im Ofen etwa 10 Minuten überbacken.

4 Medaillons aus dem Ofen nehmen. Mit dem Gemüse und nach Belieben Schlehensoße (s. unten) servieren.

SCHLEHENSOSSE

Für die Schlehensoße 70 ml Wildfond und 30 ml Schlehensaft 15 Minuten kochen lassen; salzen und pfeffern. 1 EL Sahne dazugeben und die Soße kurz mit dem Stabmixer aufschlagen.

HAUPTGERICHTE

HAUPTGERICHTE

ZWIEBELROSTBRATEN

FÜR 4 PORTIONEN

1 GUT ABGEHANGENE RINDERLENDE
(FLACHES ROASTBEEF; ETWA 750 G)
FRISCH GEMAHLENER PFEFFER
2 ZWIEBELN
4 EL BUTTERSCHMALZ
SALZ

ZUBEREITUNGSZEIT
CA. 50 MINUTEN

1 Das Lendenstück in 4 etwa 2 cm dicke Scheiben schneiden und leicht flach klopfen. Die äußere Fettschicht etwas einschneiden, damit das Fleisch beim Braten seine Form behält. Dabei nicht bis zum Fleisch durchschneiden. Die Fleischstücke mit Pfeffer bestreuen.

2 Die Zwiebeln schälen und in Ringe schneiden.

3 Das Butterschmalz in einer Pfanne erhitzen. Die Fleischscheiben darin bei mittlerer Hitze auf jeder Seite 3–5 Minuten – je nach gewünschter Garstufe – anbraten. Das Fleisch herausnehmen, salzen, in eine ofenfeste Form legen und im Ofen warm stellen.

4 Die Zwiebelringe im Bratfett einige Minuten knusprig braun anbraten.

5 Die Fleischscheiben auf Tellern anrichten und mit Zwiebelringen garnieren. Sofort servieren.

HAUPTGERICHTE

MINIROULADEN in Rotweinsoße

FÜR 4 PORTIONEN

4 RINDERROULADEN (JE 150 G)
6 TL KÖRNIGER SENF
SALZ
FRISCH GEMAHLENER PFEFFER
6 DÜNNE SCHEIBEN
DURCHWACHSENER SPECK
2 WEISSE ZWIEBELN,
IN DÜNNE SCHEIBEN GESCHNITTEN
12 CORNICHONS
2 EL BUTTERSCHMALZ
300 ML TROCKENER, KRÄFTIGER ROTWEIN
400 ML KALBSFOND (GLAS)
1 LORBEERBLATT
1 KRÄUTERSTRÄUSSCHEN
(AUS MAJORAN, THYMIAN, ROSMARIN UND PETERSILIE)
1 PRISE ZUCKER
1–2 TL SOSSENBINDER

AUSSERDEM
KÜCHENGARN ODER
HOLZSPIESSCHEN

ZUBEREITUNGSZEIT
CA. 45 MINUTEN PLUS
45–55 MINUTEN SCHMOREN

1 Die Rouladen auf einer Arbeitsfläche ausbreiten. Jede Fleischscheibe in 3 etwa gleich große Stücke schneiden. Jede dünn mit Senf bestreichen, dann mit Salz und Pfeffer bestreuen. Speckscheiben halbieren und auf die Rouladenstücke legen.

2 Zuerst die Hälfte der Zwiebelscheiben, dann je 1 Cornichon auf jedes Fleischstück geben. Fleischröllchen aufwickeln und mit Küchengarn oder Holzspießchen fixieren.

3 Das Butterschmalz in einem großen schweren Topf erhitzen und die Fleischröllchen darin rundherum scharf anbraten. Übrige Zwiebeln zugeben und kurz mitbraten. Wein und Fond zugießen, alles mit Salz und Pfeffer würzen. Lorbeerblatt und Kräutersträußchen zu den Rouladen geben. Rouladen zugedeckt bei schwacher Hitze 45–55 Minuten schmoren.

4 Die fertigen Röllchen aus der Soße nehmen und warm stellen. Kräuter aus der Soße entfernen. Die Soße mit Salz, Pfeffer, übrigem Senf und Zucker abschmecken. Nach Belieben mit Soßenbinder andicken. Zu den Mini-Rouladen servieren. Dazu können Sie Salzkartoffeln oder Spätzle und grüne Bohnen reichen.

HAUPTGERICHTE

SONDERSEITEN MENÜVORSCHLÄGE

MENÜ 1
SUPPE MIT BISKUITHERZEN

FÜR 4 PORTIONEN

2 EIER / 1/4 TL SALZ / 1 MESSERSPITZE ZUCKER / 50 G MEHL / 20 G GERIEBENER PARMESAN / 1 EL OLIVENÖL / 1 L GEMÜSEBRÜHE / FRISCH GERIEBENE MUSKATNUSS / 1 BUND SCHNITTLAUCH

ZUBEREITUNGSZEIT CA. 20 MINUTEN

1 Den Backofen auf 200 °C vorheizen. Ein Backblech mit Backpapier auslegen. Die Eier mit 1 EL lauwarmem Wasser, Salz und Zucker in einem hohen Rührbecher auf höchster Stufe mit den Quirlen des Handrührgeräts 5 Minuten cremig aufschlagen. Das Mehl darübersieben; Parmesan und Olivenöl unter die Eiercreme heben.

2 Die Biskuitmasse etwa 5 mm dick (21 cm x 21 cm) auf das Backpapier streichen und im heißen Backofen 8 Minuten backen.

3 Den Biskuit auf ein Brett stürzen; sofort das Backpapier abziehen. Den Biskuit etwas abkühlen lassen. Mit Ausstechförmchen Herzen oder beliebige andere Motive ausstechen.

4 Während der Backzeit des Biskuits die Brühe in einem Topf erhitzen und mit Muskat würzen. Den Schnittlauch waschen und in Röllchen schneiden.

5 Die Brühe auf vorgewärmte Teller verteilen und die Biskuitherzen darauflegen. Alles mit Schnittlauch bestreuen und sofort servieren.

FESTTAGS-MENÜS

STUBENKÜKEN MIT ORANGE

FÜR 4 PORTIONEN

1 BEUTEL SCHWARZTEE / 2 ORANGEN, UNBEHANDELT / 130 G ORANGENMARMELADE OHNE ZUCKER / 4 STUBENKÜKEN ODER KLEINE HÄHNCHEN (JE 450 G) / PFEFFER / SALZ / 2 MITTELGROSSE ZWIEBELN IN RINGEN / JE 8 STÄNGEL FRISCHER ROSMARIN UND FRISCHER THYMIAN

ZUBEREITUNGSZEIT CA. 1 STUNDE

1 Den Backofen auf 190 °C vorheizen. Den Grillrost auf ein Bratblech legen. Den Teebeutel 5 Minuten in 60 ml kochendem Wasser ziehen lassen, dann herausnehmen. Den Saft von einer Orange in den Tee pressen und die Marmelade einrühren, bis sie geschmolzen ist. Warm halten. Die zweite Orange vierteln, aber nicht schälen.

2 Die Küken ausnehmen, waschen und trocknen. Innen salzen und pfeffern. Haut an der Brust leicht lösen. In jede Bauchhöhle 1 Orangenviertel, 1 Viertel der Zwiebelringe, 1 Rosmarin- und 1 Thymianstängel geben. Die Keulen mit Küchengarn zusammenbinden. Küken mit der Brustseite nach unten auf den im Blech liegenden Rost legen. Jedes Küken auf und unter der Haut mit der Glasur bestreichen. Den Blechboden mit Wasser bedecken.

3 Die Küken auf mittlerer Schiene etwa 1 Stunde braten, bis sie braun sind und klare Säfte austreten. Auf und unter der Haut alle 20 Minuten mit Marinade bestreichen, 10 Minuten stehen lassen. Füllung entfernen und mit Rosmarin und Thymian garnieren.

KARAMELLISIERTE ÄPFEL MIT TRAUBEN UND NÜSSEN

FÜR 4 PORTIONEN

40 G SULTANINEN ODER CRANBERRYS / 3 EL RUM ODER APFELSAFT / 4 KLEINE ÄPFEL (BOSKOP) / 150 G WEINTRAUBEN / 16 WALNUSSKERNHÄLFTEN / 100 ML GRENADINESIRUP / 4 EL CASSIS ODER CALVADOS / 1 EL KALTE BUTTER / SAURE SAHNE, VANILLE- ODER WALNUSSEIS

ZUBEREITUNGSZEIT CA. 15 MINUTEN

1 Sultaninen oder Cranberrys in 2 EL Rum, Apfelsaft oder einfach Wasser einweichen.

2 Die Äpfel schälen, vierteln und entkernen. Die Weintrauben waschen und abzupfen. Die Walnusskernhälften halbieren.

3 Den Grenadinesirup mit Cassis oder Calvados in einer großen Pfanne bei mittlerer Hitze etwas einkochen lassen. Die Nüsse und die Sultaninen oder Cranberrys in die Pfanne geben und unter Rühren mit dem Karamell überziehen.

4 Die Apfelspalten und Weintrauben hinzufügen. Alles zugedeckt wenige Minuten garen, bis die Äpfel bissfest sind.

5 Die kalte Butter in Stückchen darüber verteilen und durchschwenken. Die Äpfel auf Desserttellern anrichten und mit saurer Sahne, Vanille- oder Walnusseis servieren.

SONDERSEITEN MENÜVORSCHLÄGE

MENÜ 2
ZWIEBELSUPPE

FÜR 4 PORTIONEN

400 G GROSSE ZWIEBELN / 1 KNOBLAUCHZEHE / 1 EL BUTTER / 1/2 TL KÜMMELSAMEN / 2 EL MEHL / 1 L RINDERBRÜHE / 250 ML TROCKENER WEISSWEIN (Z. B. RIESLING) / 4 SCHEIBEN WEISS- ODER TOASTBROT / SALZ / FRISCH GEMAHLENER PFEFFER / FRISCH GERIEBENE MUSKATNUSS / 2 EL OLIVENÖL / 100 G GERIEBENER GRUYÈRE ODER EMMENTALER

ZUBEREITUNGSZEIT CA. 30 MINUTEN

1 Zwiebeln schälen und in feine Ringe schneiden. Knoblauchzehe schälen und fein hacken. Die Butter in einem Topf erhitzen, Zwiebelringe und Knoblauch hineingeben und glasig werden lassen. Kümmel dazugeben, alles mit Mehl bestäuben und 1 Minute anschwitzen.

2 Die Rinderbrühe und den Weißwein dazugießen, unter Rühren aufkochen und 10 Minuten köcheln lassen, dabei gelegentlich umrühren.

3 Den Grill oder den Backofen auf 250 °C vorheizen. Die Brotscheiben im Toaster rösten. Die Suppe mit Salz, Pfeffer und Muskat abschmecken.

4 Jede Brotscheibe diagonal in vier Stücke teilen. Die Suppe auf ofenfeste Suppentassen verteilen und mit dem Brot bedecken. Das Brot mit dem Olivenöl beträufeln und mit dem Käse bestreuen; etwa 5 Minuten im Ofen goldbraun überbacken.

LAMMKEULE MIT KRÄUTERN UND KNOBLAUCH

FÜR 6 PORTIONEN

1 LAMMKEULE (ETWA 2 KG) / SAFT VON 1 ZITRONE FÜR DIE MARINADE: 3 EL THYMIAN, GEHACKT / 2 EL ROSMARIN, GEHACKT / 2 EL PETERSILIE, GEHACKT / 8 KNOBLAUCHZEHEN, FEIN GEWÜRFELT / 1 EL MEERSALZFLOCKEN (FLEUR DE SEL) / 1/2 TL PFEFFER, FRISCH GEMAHLEN / 50 ML OLIVENÖL / ALUMINIUMFOLIE

ZUBEREITUNGSZEIT CA. 20 MINUTEN / MARINIERZEIT 1 STUNDE / GARZEIT CA. 2 STUNDEN

1 Für die Marinade Kräuter, Knoblauch, Salz und Pfeffer in einer Schüssel vermischen. Das Öl zugießen und alles glatt verrühren.

2 Mit einem scharfen Messer die Lammkeule rundum mit etwa 5 mm langen Schlitzen versehen. Das Fleisch vollständig mit der Marinade einreiben, diese dabei auch in die Schlitze drücken. Etwa 1 Stunde marinieren.

3 Den Ofen auf 180 °C vorheizen. Die Lammkeule mit der Fettschicht nach oben auf ein Backblech legen. Im heißen Ofen etwa 2 Stunden garen. Das Fleisch nach 1 Stunde mit Aluminiumfolie bedecken.

4 Die Lammkeule auf ein Brett legen und mit Zitronensaft beträufeln. Den Braten 10–15 Minuten ruhen lassen, dann tranchieren und servieren. Dazu passen grüne Bohnen und Ofenkartoffeln.

ORANGENCREME MIT PISTAZIE

FÜR 2 PORTIONEN

3 UNBEHANDELTE ORANGEN / 1/4 TL AGAR-AGAR / 1 EI / 30 G ROHROHRZUCKER / 100 G SAHNE / 2 EL PISTAZIENKERNE

ZUBEREITUNGSZEIT CA. 25 MINUTEN

1 Die Orangen heiß waschen und trocken tupfen. Den Saft von 2 Orangen auspressen und in einem kleinen Topf bei mittlerer Hitze erwärmen. Das Agar-Agar unterrühren, die Mischung nach Packungsangabe 2–3 Minuten köcheln und anschließend abkühlen lassen.

2 Das Ei trennen. Eigelb mit Zucker schaumig schlagen. Das abgekühlte Orangengelee unter die Eigelbcreme rühren. Sahne steif schlagen; Eiweiß ebenfalls steif schlagen. Sahne und Eischnee unter die Orangenmasse ziehen.

3 Von der dritten Orange die Hälfte der Schale abreiben, dann die Orange dick schälen und das Fruchtfleisch quer in Scheiben schneiden. Die Scheiben halbieren.

4 Abwechselnd die Orangencreme mit den Orangenscheiben in zwei hohe Dessertgläser schichten und für etwa 4 Stunden in den Kühlschrank stellen.

5 Die Pistazien fein hacken. Die Orangencreme mit der Orangenschale und den Pistazien bestreuen.

HAUPTGERICHTE

HAUPTGERICHTE

ZÜRCHER GESCHNETZELTES

FÜR 4 PORTIONEN

800 G KALBFLEISCH (OBERSCHALE), IN 1/2 CM DICKE STREIFEN GESCHNITTEN
SALZ
FRISCH GEMAHLENER PFEFFER
4 SCHALOTTEN
4 EL ÖL
1 EL BUTTER
125 ML TROCKENER WEISSWEIN
500 G SAHNE
1/2 BUND PETERSILIE
1 TL ABGERIEBENE SCHALE VON EINER UNBEHANDELTEN ZITRONE

**ZUBEREITUNGSZEIT
CA. 25 MINUTEN**

1 Die Fleischstreifen mit Salz und Pfeffer würzen. Die Schalotten schälen und in kleine Würfel schneiden.

2 In einer großen schweren Pfanne 2 EL Öl erhitzen. Die Hälfte der Fleischstreifen darin bei starker Hitze unter Rühren 3–4 Minuten braten. Mit einem Schaumlöffel aus der Pfanne heben und warm halten. Die zweite Fleischportion genauso braten und zur ersten Fleischportion geben.

3 Die Butter in der Pfanne zerlassen und die Schalottenwürfel darin glasig dünsten. Den Wein dazugießen und bei starker Hitze fast ganz einkochen lassen. Die Sahne dazugeben, alles aufkochen und die Soße bei starker Hitze 5–7 Minuten cremig einkochen lassen.

4 Das gebratene Fleisch mit dem Bratensaft in die Soße geben und 2–3 Minuten ziehen (nicht mehr köcheln) lassen.

5 Das Zürcher Geschnetzelte mit Salz und Pfeffer abschmecken. Die Petersilie waschen, Blättchen abzupfen und hacken. Die Petersilienblättchen mit der abgeriebenen Zitronenschale unter das Gericht mischen. Dazu serviert man ganz klassisch Schweizer Rösti. Alternativ passt lockerer Langkornreis gut dazu.

HAUPTGERICHTE

SCHWEINEFILET im Wirsingmantel

FÜR 4 PORTIONEN

SALZ
1 KG WIRSING,
GEPUTZT UND HALBIERT
1 GROSSES SCHWEINEFILET
(ETWA 500 G)
FRISCH GEMAHLENER PFEFFER
2 EL OLIVENÖL
250 ML TROCKENER WEISSWEIN
100 G MAGERER SCHWARZWÄLDER
SCHINKEN AM STÜCK,
IN KLEINE WÜRFEL GESCHNITTEN
1 GROSSE ZWIEBEL, GEHACKT
4 KNOBLAUCHZEHEN, GESCHÄLT
2 TOMATEN,
GESCHÄLT UND KLEIN GEWÜRFELT
JE 1 ZWEIG THYMIAN UND MAJORAN
30 G GEHACKTE MANDELN
30 G PINIENKERNE
30 G ROSINEN
30 G SCHWARZE OLIVEN,
ENTSTEINT UND HALBIERT

**ZUBEREITUNGSZEIT
CA. 25 MINUTEN PLUS
50 MINUTEN SCHMOREN**

1 Reichlich Salzwasser in einem großen Topf aufkochen, die Wirsinghälften darin 3 Minuten vorgaren. Herausnehmen, mit eiskaltem Wasser abschrecken und abtropfen lassen.

2 Das Schweinefilet mit Salz und Pfeffer einreiben. In einer großen beschichteten Pfanne 1 EL Olivenöl erhitzen, das Filet darin rundum etwa 5 Minuten braten. Herausnehmen und in 3–4 cm dicke Stücke schneiden. Ofen auf 200 °C vorheizen.

3 Große Wirsingblätter vom Kopf lösen und die Filetstücke darin einwickeln. Eine ofenfeste Form mit Wirsingblättern auslegen, die Wirsingpäckchen daraufgeben. Bratensatz mit 150 ml Wein vom Pfannenboden lösen und in die Form gießen; warm stellen.

4 Das restliche Olivenöl (1 EL) in einer beschichteten Pfanne erhitzen. Nacheinander Schinken, Zwiebel, ganze Knoblauchzehen und Tomatenwürfel darin anbraten. 100 ml Weißwein angießen, alles salzen und pfeffern und die Soße über die Wirsingpäckchen gießen. Die Kräuterzweige zwischen die Päckchen legen, das Gericht im Ofen 40 Minuten schmoren.

5 Die Mandeln in der Pfanne rösten und im Mörser fein zerstoßen. Die Form aus dem Ofen nehmen, Mandeln in die Soße rühren. Pinienkerne und Rosinen in einer kleinen Pfanne kurz rösten, Oliven kurz anbraten. Alles auf die Wirsingpäckchen in der Form geben, im Ofen noch 10 Minuten schmoren. Dazu passt Couscous oder Bulgur.

HAUPTGERICHTE

105

HAUPTGERICHTE

HAUPTGERICHTE

GANS mit Apfelfüllung

FÜR 6 – 8 PORTIONEN

1 JUNGE KÜCHENFERTIGE GANS (CA. 3 KG)
SALZ
300 G SÄUERLICHE ÄPFEL
100 G SCHWARZBROT
1 HANDVOLL BEIFUSS
2 EL SULTANINEN
2 EL ZUCKER
125 ML FLEISCHBRÜHE
1 – 2 EL MEHL
FRISCH GEMAHLENER PFEFFER

ZUBEREITUNGSZEIT
CA. 25 MINUTEN PLUS
2 1/2 – 3 STUNDEN BRATEN

1 Die Gans waschen und trocknen. Innen und außen mit Salz einreiben. Die Äpfel waschen, schälen, in Achtel schneiden und von den Kernen befreien. Den Backofen auf 200 °C vorheizen. Das Brot toasten und reiben. Mit Beifuß, Sultaninen, Salz, Zucker und den Äpfeln mischen.

2 Die Gans damit füllen und die Öffnungen mit Küchengarn zunähen. Die Flügel verschränken, die Keulen am Körper festbinden. Etwa ½ l Wasser in die Bratenpfanne des Backofens gießen und auf die untere Schiene schieben. Die Gans auf den Rost legen und auf mittlerer Schiene 1 Stunde braten, dann umdrehen und weitere 1½ – 2 Stunden braten. Mehrmals die Haut einstechen. Kurz vor Ende der Bratzeit mit Salzwasser bepinseln. Garn lösen, Gans auf einer Platte warm halten.

3 Den Bratenfond aufkochen und die Brühe zugießen. Das Fett abschöpfen. Das Mehl mit wenig Wasser verrühren und zur Soße gießen. Kurz aufkochen. Salzen und pfeffern. Zur Gans servieren.

UNSER TIPP

Eine tiefgekühlte Gans benötigt mehrere Stunden zum Auftauen. Am besten lässt man sie über Nacht auf einem Gitter über einer Schüssel auftauen. Die sich bildende Flüssigkeit wegschütten.

HAUPTGERICHTE

SCHWEINSHACHSEN

FÜR 4 PORTIONEN

1–2 SCHWEINSHACHSEN
(INSGESAMT ETWA 1,5 KG)
SALZ
FRISCH GEMAHLENER PFEFFER
1 ZWIEBEL,
IN GROBE STÜCKE GESCHNITTEN
2 MÖHREN,
IN GROBE STÜCKE GESCHNITTEN
1 STÜCK KNOLLENSELLERIE
1 STÜCK LAUCH
2 LORBEERBLÄTTER
1 TL KÜMMEL
1 TL SCHWARZE PFEFFERKÖRNER
300 ML DUNKLES BIER

ZUBEREITUNGSZEIT
CA. 50 MINUTEN PLUS
2 1/2 – 3 STUNDEN GAREN

1 Den Ofen auf 200 °C vorheizen.

2 Die Hachsen mit Salz und Pfeffer einreiben und in einen Bräter legen. Etwas kochendes Wasser angießen und die Hachsen zugedeckt auf dem Herd 20–30 Minuten dämpfen, damit die Schwarte weich wird. Die Schwarte anschließend rautenförmig einschneiden, falls das nicht bereits vom Metzger gemacht wurde.

3 Zwiebel, Möhren, Knollensellerie, Lauch, Lorbeer, Kümmel und Pfefferkörner in den Bräter geben. In den Ofen stellen und das Fleisch 2½–3 Stunden offen garen, bis sich das Fleisch leicht vom Knochen löst. Erst wenn keine Flüssigkeit mehr im Bräter ist, etwas Bier nachgießen. Nach der Hälfte der Garzeit die Hachsen wenden. Häufig mit Bier und Bratensaft übergießen, bei Bedarf erneut Flüssigkeit zugießen.

4 Am Ende der Garzeit für eine knusprige Schwarte die Ofentemperatur auf Grillfunktion stellen (etwa 260 °C) und die Schwarte in 5–10 Minuten knusprig grillen. Die Hachsen herausnehmen und warm stellen.

5 Den Bratensaft durch ein Sieb in einen Topf gießen. Den Bratensatz mit etwas Wasser loskochen und dazugeben. Die Soße etwas einkochen lassen und mit Salz und Pfeffer abschmecken.

6 Die Hachsen im Ganzen servieren oder in Stücke aufteilen. Mit der Soße servieren. Dazu passen Kartoffelknödel, Sauerkraut, Rotkohl oder Gurkensalat.

HAUPTGERICHTE

HAUPTGERICHTE

HAUPTGERICHTE

SCHWEINEKOTELETT auf Wirsing-Apfel-Bett

FÜR 4 PORTIONEN

2 GRÜNE ÄPFEL
(Z. B. GRANNY SMITH)
500 G WIRSING (ETWA 1/4 KOPF)
1 GROSSE ROTE ZWIEBEL
3 EL OLIVENÖL
1 TL SÜSSES PAPRIKAPULVER
SALZ
FRISCH GEMAHLENER PFEFFER
4 DICKE SCHWEINEKOTELETTS
(JE ETWA 200 G)

**ZUBEREITUNGSZEIT
CA. 20 MINUTEN**

1 Äpfel schälen, halbieren, entkernen und in dünne Spalten schneiden. Den Wirsing grob hacken. Die Zwiebel halbieren und in dünne Scheiben schneiden.

2 1 EL Olivenöl in einer Pfanne auf mittlerer Temperatur erhitzen. Die Zwiebel darin unter Rühren 2 Minuten anschwitzen. Apfel, Kohl, Paprikapulver und 125 ml Wasser unterrühren. Die Temperatur auf mittlere bis starke Hitze erhöhen. Den Pfanneninhalt aufkochen und mit geschlossenem Deckel 5 Minuten dünsten, bis der Kohl bissfest ist. Dabei ein- bis zweimal umrühren. Kräftig salzen und pfeffern.

3 In der Zwischenzeit eine Grillpfanne stark erhitzen. Die Koteletts leicht mit dem restlichen Olivenöl (2 EL) einstreichen, salzen und pfeffern. In die Pfanne legen und ohne Wenden 3 – 4 Minuten braten, bis auf der Oberfläche kleine Bläschen entstehen. Wenden und bis zum gewünschten Gargrad braten. Vom Herd nehmen und 3 – 4 Minuten ruhen lassen.

4 Das Fleisch mit Kohl und sautierten Äpfeln servieren. Auch knusprige Bratkartoffeln passen sehr gut dazu.

HAUPTGERICHTE

IRISH STEW

FÜR 4 PORTIONEN

2 TL PFLANZENÖL
500 G AUSGELÖSTE LAMMSCHULTER, IN 2,5 CM GROSSE WÜRFEL GESCHNITTEN
4 MEHLIGKOCHENDE KARTOFFELN, GESCHÄLT UND GEWÜRFELT
3 MÖHREN, IN SCHEIBEN GESCHNITTEN
2 ZWIEBELN, GROB GEWÜRFELT
2 STANGEN LAUCH, NUR DIE WEISSEN UND HELLGRÜNEN ABSCHNITTE, GROB GEHACKT
1 GROSSE SPEISERÜBE, GROB GEWÜRFELT
2 EL MEHL
1 LORBEERBLATT
1/4 TL GETROCKNETER ROSMARIN
1 TL SALZ
1/4 TL FRISCH GEMAHLENER PFEFFER
300 G TK-ERBSEN

ZUBEREITUNGSZEIT
CA. 40 MINUTEN PLUS
50–60 MINUTEN KOCHZEIT

1 Das Öl in einem großen beschichteten Schmortopf auf mittlerer bis hoher Stufe erhitzen. Das Fleisch portionsweise in jeweils etwa 5 Minuten von allen Seiten kräftig anbraten. In einer Schüssel beiseitestellen.

2 Kartoffeln, Möhren, Zwiebeln, Lauch und Speiserübe in den Topf geben und 10 Minuten unter häufigem Rühren braten. Mehl zufügen und unter Rühren anschwitzen. 750 ml Wasser angießen, Lorbeerblatt, Rosmarin, Salz und Pfeffer zufügen. Aufkochen lassen und den Eintopf bei reduzierter Hitze unter gelegentlichem Rühren offen 50–60 Minuten köcheln lassen, bis das Fleisch zart ist.

3 Erbsen einstreuen und 5 Minuten mitgaren. Das Lorbeerblatt entfernen und das Irish Stew heiß servieren.

HAUPTGERICHTE

HAUPTGERICHTE

HAUPTGERICHTE

KÜRBIS-COUSCOUS mit Lamm

FÜR 4 PORTIONEN

2 TL OLIVENÖL
230 G LAMMSCHULTER,
OHNE KNOCHEN, IN 1 CM GROSSE
WÜRFEL GESCHNITTEN
3/4 TL GEREBELTES KORIANDERGRÜN
1/2 TL SALZ
1/2 TL GEMAHLENER INGWER
1/2 TL GEMAHLENER KÜMMEL
1/2 TL FRISCH GEMAHLENER
PFEFFER
360 ML MÖHRENSAFT
2 EL TOMATENMARK
300 G BUTTERNUSSKÜRBIS,
IN KLEINE STÜCKE GESCHNITTEN
300 G HOKKAIDO-KÜRBIS,
LÄNGS HALBIERT UND QUER IN 1 CM
DICKE SCHEIBEN GESCHNITTEN
1 MITTELGROSSE ZUCCHINI,
LÄNGS HALBIERT UND QUER IN 1 CM
DICKE SCHEIBEN GESCHNITTEN
200 G COUSCOUS

ZUBEREITUNGSZEIT
CA. 35 MINUTEN PLUS
60 MINUTEN GAREN

1 Das Öl in einem beschichteten Schmortopf bei mittlerer Hitze heiß werden lassen. Lammfleisch mit Koriander, Salz, Ingwer, Kümmel und Pfeffer vermischen und darin etwa 5 Minuten braun anbraten.

2 Möhrensaft und Tomatenmark dazugeben und aufkochen lassen. Die Hitze reduzieren und das Fleisch zugedeckt etwa 30 Minuten köcheln lassen.

3 Butternusskürbis unterrühren und etwa 5 Minuten garen. Hokkaido-Kürbis und Zucchini hinzufügen und etwa weitere 25 Minuten kochen, bis Lamm und Gemüse gar sind.

4 Couscous nach Packungsangabe einweichen oder kochen, anschließend mit einer Gabel etwas auflockern. Couscous und Lammgemüse in verschiedenen Schüsseln servieren.

HAUPTGERICHTE

REHRÜCKEN mit Pfefferkruste

FÜR 4 PORTIONEN

500 G REHRÜCKENFILETS
(AUSGELÖSTER REHRÜCKEN)
2 EL ÖL
2 TL BUNTE PFEFFERKÖRNER
25 G GRISSINI
100 G WEICHE BUTTER
2 TL DIJONSENF MIT HONIG
SALZ
250 ML ROTWEIN
30 G EISKALTE BUTTER,
IN STÜCKCHEN
1 MESSERSPITZE GEMAHLENER ZIMT
FRISCH GEMAHLENER PFEFFER

**ZUBEREITUNGSZEIT
CA. 20 MINUTEN**

1 Den Backofengrill vorheizen. Eine ofenfeste Form mit in den Ofen stellen und vorwärmen. Die Rehrückenfilets trocken tupfen.

2 Das Öl in einer Pfanne erhitzen und das Rehfleisch darin in etwa 5 Minuten rundherum kräftig anbraten.

3 Inzwischen die Pfefferkörner im Mörser grob zerstoßen. Die Grissini in einen Gefrierbeutel geben und mit dem Fleischklopfer oder dem Teigroller fein zerbröseln.

4 Die Butter mit den Grissinibröseln, dem zerstoßenen Pfeffer sowie Senf und etwas Salz zu einer cremigen Masse rühren.

5 Die Rehrückenfilets salzen und in die vorgewärmte Form legen. Die Grissini-Butter-Masse auf dem Fleisch verteilen und glatt streichen. Im heißen Ofen (2. Schiene von oben) etwa 5 Minuten übergrillen, bis die Kruste leicht gebräunt ist.

6 Inzwischen den Bratensatz in der Pfanne mit dem Rotwein ablöschen und die Soße einmal aufkochen lassen. Die eiskalte Butter darunterschlagen, um die Soße ein wenig zu binden. Die Soße mit Zimt, Salz und Pfeffer abschmecken.

HAUPTGERICHTE

HAUPTGERICHTE

SCHWARZWURZEL-SPECK-QUICHE

**FÜR 2 KLEINE TARTEFORMEN
(JE 16 CM ⌀)**

FÜR DEN TEIG
100 G DINKELMEHL (TYPE 630)
ODER JE 50 G BUCHWEIZEN- UND
KASTANIENMEHL
1/2 TL SALZ
50 G KALTE BUTTER,
MEHR FÜR DIE FORMEN

FÜR DEN BELAG
150 G SCHWARZWURZELN
1 EL OLIVENÖL
SALZ
FRISCH GEMAHLENER PFEFFER
1 TL THYMIANBLÄTTCHEN
70 G GEWÜRFELTER BAUCHSPECK
2 EIER
100 ML MILCH
80 G SAURE SAHNE
FRISCH GERIEBENE MUSKATNUSS

**ZUBEREITUNGSZEIT
CA. 30 MINUTEN PLUS
30 MINUTEN BACKEN**

1 Aus Mehl, Salz, Butter und 30 ml kaltem Wasser einen Mürbeteig herstellen. Den Teig in Frischhaltefolie wickeln und 30 Minuten im Kühlschrank ruhen lassen.

2 Den Backofen auf 200 °C vorheizen. Die Schwarzwurzeln putzen und schälen (siehe Tipp). Auf ein Backblech legen und mit ½ EL Öl bestreichen. Mit Salz, Pfeffer und der Hälfte der Thymianblättchen bestreuen. Im heißen Ofen etwa 30 Minuten garen. Danach die Ofentemperatur auf 180 °C senken.

3 Inzwischen die Tarteformen mit Butter ausstreichen. Den Teig aus dem Kühlschrank nehmen und halbieren. Jede Hälfte auf der bemehlten Arbeitsfläche auf Formgröße ausrollen und die Formen damit auskleiden.

4 Speckwürfel im restlichen Öl braten. Mit den Schwarzwurzeln auf den Teigböden verteilen. Eier mit Milch und Sahne verquirle. Den Eierguss mit Salz, Pfeffer und Muskat würzen. Den restlichen Thymian unterrühren und den Guss über Schwarzwurzeln und Speck gießen.

5 Die Quiches etwa 30 Minuten im heißen Ofen backen. Kurz abkühlen lassen, dann noch warm in den Formen mit einem Salat servieren.

UNSER TIPP
Gewaschene Schwarzwurzeln in Essigwasser legen und darin mit dem Sparschäler schälen. So werden Hände und Geräte durch den austretenden und stark anhaftenden Milchsaft nicht schwarz verfärbt.

SÜSSES

SÜSSES

SÜSSES

SALZBURGER NOCKERLN

FÜR 5 NOCKERLN

4 EIER
1 UNBEHANDELTE ZITRONE
2 EIWEISSE
100 G ZUCKER
2 PÄCKCHEN VANILLEZUCKER
30 G MEHL
40 G BUTTER
PUDERZUCKER ZUM BESTREUEN

**ZUBEREITUNGSZEIT
CA. 25 MINUTEN**

1 Die Eier trennen. Die Zitrone waschen, trocken tupfen und die Schale abreiben. Die 6 Eiweiße steif schlagen, nach und nach den Zucker einrieseln lassen. Dann die Eigelbe, den Vanillezucker, die Zitronenschale und das Mehl behutsam untermischen.

2 In einer Pfanne die Butter schmelzen, aus dem Teig 5 Nockerln formen und in die Pfanne geben. Bei schwacher Hitze backen.

3 Mit einer Palette wenden. Die Pfanne in den Backofen stellen und die andere Seite backen. Im Innern sollen die Nockerln leicht cremig sein.

4 Auf einer Platte anrichten und dann den Puderzucker darüber streuen. Sofort servieren. Dazu passt eine Vanille- oder Schokoladensoße.

UNSER TIPP

Die Zubereitung in der Pfanne ist nicht ganz einfach, etwas leichter geht es so: Den Teig wie oben beschrieben vorbereiten, eine Backform mit Butter einfetten, aus dem Teig Nockerln formen und in die Form legen; dann die Nockerln 6–8 Minuten im vorgeheizten Backofen (210 °C) goldbraun backen; mit Puderzucker bestreuen und servieren (siehe Foto links).

SÜSSES

ZWETSCHGENKNÖDEL

FÜR 16 KNÖDEL

1 UNBEHANDELTE ZITRONE
500 G MAGERQUARK
400 G ZWETSCHGEN
150 G ZUCKER
2 KLEINE EIER
150 G MEHL
SALZ
75 G BUTTER
4 EL SEMMELBRÖSEL
PUDERZUCKER

ZUBEREITUNGSZEIT
CA. 40 MINUTEN

1 Die Zitrone waschen, trocken tupfen und etwa die Hälfte der Schale abreiben. Den Magerquark etwa 15 Minuten abtropfen lassen.

2 Die Zwetschgen waschen, trocknen lassen, an einer Seite aufschneiden und vom Stein befreien. 1 gehäuften TL Zucker in jede Zwetschge geben.

3 Den Quark in eine Schüssel geben; Eier, Salz, 1 TL Zitronenschale und Mehl zufügen. Alles zu einem weichen Teig verrühren. Die Hände mit Mehl bestäuben und den Teig zu Knödeln formen, dabei in die Mitte der Knödel eine Zwetschge legen.

4 In einem großen und breiten Topf etwa 3 l Salzwasser aufkochen. Die Knödel hineingeben und bei schwacher Hitze etwa 15 Minuten köcheln lassen.

5 Die Butter erhitzen und die Semmelbrösel darin goldgelb braten. Die Knödel mit einem Schaumlöffel herausheben und auf Tellern verteilen. Mit den Semmelbröseln bestreuen. Dazu Puderzucker servieren.

SÜSSES

SÜSSES

SÜSSES

OFENSCHLUPFER

FÜR 4 PORTIONEN

5 BRÖTCHEN VOM VORTAG
750 ML MILCH
125 G SCHLAGSAHNE
5 EIER
4 EL ZUCKER
3 ÄPFEL
50 G GEMAHLENE MANDELN
60 G BUTTER
FETT FÜR DIE FORM

ZUBEREITUNGSZEIT
CA. 20 MINUTEN PLUS
45–50 MINUTEN BACKEN

1 Brötchen in Scheiben schneiden und in eine Schüssel geben. Milch, Sahne, Eier und 2 EL Zucker verrühren und über die Brötchen gießen.

2 Die Äpfel waschen und schälen. Dann halbieren, vom Kerngehäuse befreien und in Schnitze schneiden. Eine Auflaufform einfetten.

3 Eine Schicht Brötchen hineinlegen, dann eine Schicht Apfelschnitze darauf legen und mit Mandeln bestreuen. So weiter verfahren, bis alle Zutaten verbraucht sind. Obenauf soll eine Schicht Brötchen sein. Butterflöckchen darauf verteilen.

4 Im Backofen 45–50 Minuten backen. Abschließend mit dem restlichen Zucker bestreuen und servieren.

SÜSSES

ARMER RITTER

FÜR 4 PORTIONEN

500 G FRISCHE SAUERKIRSCHEN ODER 1 GLAS SAUERKIRSCHEN
5 EIER
250 ML MILCH
1 PRISE SALZ
8 SCHEIBEN WEISSBROT ODER 4 BRÖTCHEN VOM VORTAG
3 EL BUTTER
1 EL ZUCKER
1 TL ZIMT
1/2 L KIRSCHSAFT NACH BELIEBEN

ZUBEREITUNGSZEIT CA. 30 MINUTEN

1 Die Kirschen waschen, von den Stielen befreien, entkernen und mit 300 ml Wasser aufkochen. Abtropfen lassen, dabei den Saft auffangen. Oder die Kirschen aus dem Glas abtropfen lassen und den Saft auffangen. Die Eier trennen. Die Eigelbe mit Milch und Salz verrühren. Die Brotscheiben oder Brötchen darin 15 Minuten einweichen. Dann abtropfen lassen.

2 2 EL Butter in einer Pfanne erhitzen und das Brot oder die Brötchen darin von allen Seiten goldbraun braten. Die Eiweiße steif schlagen. Eine Auflaufform mit der restlichen Butter einfetten. Brot oder Brötchen hineinlegen. Darauf die Kirschen verteilen und mit dem Eischnee bedecken.

3 Zucker und Zimt mischen und darüber streuen. Den Grill vorheizen und den Armen Ritter 2–3 Minuten grillen. Nach Belieben den Kirschsaft dazu servieren.

VARIANTE

Brot in der Milch-Eigelb-Masse einweichen und in der Pfanne braten wie oben beschrieben. 2 EL Zucker darüber streuen, Brot oder Brötchen wenden, damit der Zucker schmilzt.

SÜSSES

SÜSSES

SÜSSES

QUITTENAUFLAUF

FÜR 4 PORTIONEN

3 GROSSE QUITTEN
1 STÜCK FRISCHER INGWER
175 G ZUCKER
4 BRÖTCHEN
250 G BUTTER
70 G GEMAHLENE MANDELN
8 EIWEISSE
FETT FÜR DIE FORM
ZUCKER FÜR DIE FORM

ZUBEREITUNGSZEIT
CA. 40 MINUTEN PLUS
45 MINUTEN BACKEN

1 Die Quitten mit einem Tuch abreiben, schälen, vom Kerngehäuse befreien und in Schnitze schneiden. Das Ingwerstück schälen. 300 ml Wasser, 50 g Zucker, Ingwer und Quitten in einen Topf geben, aufkochen und bei schwacher bis mittlerer Hitze kochen, bis die Quitten weich sind.

2 In ein Sieb schütten, den Saft auffangen und erkalten lassen. Den Ingwer entfernen. Die Brötchen in Scheiben schneiden. Den Saft über die Brötchenscheiben gießen.

3 Die Quitten durch ein Haarsieb streichen. 200 g Butter schaumig schlagen, den restlichen Zucker, die Brötchen, das Quittenmus und die Mandeln zufügen. Die Eiweiße steif schlagen und vorsichtig untermischen.

4 Eine Auflaufform einfetten und mit Zucker bestreuen. Die Quittenmasse einfüllen. Mit der restlichen Butter belegen. Im Backofen etwa 45 Minuten backen.

UNSER TIPP

Nach ihrer Form unterscheidet man Apfel- und Birnenquitten sowie portugiesische Quitten mit länglichen, gerippten Früchten. Birnenquitten sind für diesen Auflauf geeigneter als Apfelquitten.

SÜSSES

Winterliche GLÜHWEINSCHNITTEN

FÜR 1 BACKBLECH

250 G WEICHE BUTTER, MEHR FÜR DAS BLECH
150 G ZUCKER
1 PÄCKCHEN VANILLEZUCKER
ABGERIEBENE SCHALE VON 1 UNBEHANDELTEN ORANGE
1 PRISE SALZ
4 EIER
200 G MEHL
50 G GEMAHLENE MANDELN
1/2 PÄCKCHEN BACKPULVER
160 ML GLÜHWEIN
100 G ZARTBITTERSCHOKOLADEN-RASPEL
200 G PUDERZUCKER, MEHR NACH BEDARF
SCHOKOLADENSTERNCHEN UND ZIMT ZUM GARNIEREN

ZUBEREITUNGSZEIT
CA. 15 MINUTEN PLUS
20 MINUTEN BACKEN

1 Den Backofen auf 180 °C vorheizen. Das Backblech mit Butter fetten. Für den Teig die Butter mit dem Zucker cremig rühren, dabei Vanillezucker, Orangenschale und Salz hinzufügen. Eier nacheinander unter die Buttermasse rühren.

2 Mehl, Mandeln und Backpulver mischen. Die Mehlmischung in die Butter-Eier-Masse rühren, dabei nach und nach 125 ml Glühwein hinzufügen. Die Schokoladenraspel unterrühren.

3 Den Teig auf das Backblech streichen und im heißen Ofen (Mitte) etwa 20 Minuten backen. Den Kuchen aus dem Ofen nehmen; nur kurz abkühlen lassen.

4 Inzwischen für die Glasur Puderzucker und den restlichen Glühwein (35 ml) cremig rühren; falls nötig, mehr Puderzucker verwenden.

5 Den Kuchen mit der Glühweinglasur bestreichen, mit Schokoladensternchen und Zimt garnieren. Sofort in kleine Stücke schneiden, bevor die Glasur fest ist.

SÜSSES

SÜSSES

SÜSSES

SCHOKOLADENTARTE mit gerösteten Haselnüssen

FÜR 1 TARTEFORM (26 CM ⌀)

100 G HASELNUSSKERNE
125 G BUTTER,
MEHR FÜR DIE FORM
200 G BITTERKUVERTÜRE
3 EIER
100 G ZUCKER
1 EL WEINBRAND
2 EL GEMAHLENE MANDELN
PUDERZUCKER ZUM BESTREUEN

ZUBEREITUNGSZEIT
CA. 20 MINUTEN BACKEN

1 Die Nüsse in einer Pfanne rösten, anschließend auf einem Teller abkühlen lassen. Die Häutchen, die sich abgelöst haben, entfernen. Den Backofen auf 200 °C vorheizen. Die Form fetten.

2 Inzwischen Kuvertüre und Butter in Stücke schneiden und zusammen in einem Topf bei schwacher Hitze unter gelegentlichem Rühren schmelzen. Die Mischung etwas abkühlen lassen.

3 Währenddessen die Eier mit dem Zucker und dem Weinbrand mit den Quirlen des Handrührgeräts cremig schlagen. Die gemahlenen Mandeln und die Schokoladen-Butter-Mischung unterrühren. Die ganzen Haselnüsse unterheben, die Masse in die Form füllen.

4 Die Form in den heißen Ofen (Mitte) schieben und die Masse etwa 20 Minuten backen. Die Tarte am besten in der Form lauwarm oder kalt servieren. Nach Belieben mit Puderzucker bestreuen.

UNSER TIPP

Schokoladenmasse vorbereiten, in die Form füllen, mit Frischhaltefolie bedecken und in den Kühlschrank stellen. Vor dem Servieren backen. Das Vorbereiten empfiehlt sich vor allem, wenn die Tarte warm auf den Tisch kommen soll.

SÜSSES

ZWETSCHGEN-MAULTASCHEN mit Fruchtsoße

FÜR 2 PORTIONEN

FÜR DIE MAULTASCHEN
500 G MEHLIGKOCHENDE KARTOFFELN
1–2 EL KARTOFFELSTÄRKE
1/4 TL GEMAHLENER ZIMT
FRISCH GERIEBENE MUSKATNUSS
SALZ
4 ZWETSCHGEN, ENTSTEINT (ERSATZWEISE APRIKOSEN, KIRSCHEN U. A.)
1 1/2 EL KOKOSÖL

FÜR DIE FRUCHTSOSSE
80 G EINGEWEICHTE TROCKENPFLAUMEN
1/2 APFEL
1/4 TL GEMAHLENER ZIMT
1/2 TL GEHACKTER FRISCHER INGWER
ABGERIEBENE SCHALE UND SAFT VON 1/2 UNBEHANDELTEN ZITRONE

ZUBEREITUNGSZEIT CA. 40 MINUTEN PLUS 40 MINUTEN BACKEN

1 Für die Maultaschen die Kartoffeln in der Schale weich dämpfen. Pellen und heiß durch die Kartoffelpresse drücken. Kartoffelstärke, Zimt, etwas Muskat und 1/2 TL Salz hinzufügen und alles zu einem glatten Teig verarbeiten; diesen zugedeckt etwas ruhen lassen.

2 Den Backofen auf 180 °C vorheizen. Aus dem Teig eine etwa 7 cm dicke Rolle formen. Die Rolle in acht Scheiben schneiden, die Scheiben etwas flach drücken. Auf vier Teigkreise je eine Zwetschge setzen und diese mit den übrigen Teigkreisen bedecken. Die Ränder zusammendrücken.

3 Das Kokosöl in eine ofenfeste flache Form geben. Kurz in den Ofen stellen, damit das Öl flüssig wird. Die Maultaschen nebeneinander in die Form setzen und dabei mit Öl bestreichen. Im Ofen (Mitte) etwa 40 Minuten backen.

4 Für die Fruchtsoße die eingeweichten Pflaumen in ein Sieb gießen; das Einweichwasser auffangen. Die Pflaumen klein schneiden. Apfel waschen, trocken tupfen, entkernen und ebenfalls klein schneiden.

5 Zerkleinertes Obst und Einweichwasser mit Zimt, Ingwer und Zitronenschale unter gelegentlichem Rühren 15 Minuten köcheln lassen. Falls nötig, noch Wasser hinzufügen.

6 Die Fruchtsoße pürieren. Zitronensaft hinzufügen und die Soße noch einige Minuten köcheln, dann abkühlen lassen. Maultaschen aus dem Ofen nehmen. Mit der Fruchtsoße anrichten. Nach Belieben mit Zimt-Zucker bestreuen.

SÜSSES

SONDERSEITEN CHRISTSTOLLEN

DER KLASSIKER AUS DRESDEN

CHRISTSTOLLEN

Manche Dinge dürfen in der Weihnachtszeit einfach nicht fehlen. Plätzchen zum Beispiel, Lebkuchen und natürlich der (Christ-)Stollen. Er ist eines der beliebtesten deutschen Weihnachtsgebäcke – und der traditionsreichsten.

FÜR 1 STOLLEN

250 G SULTANINEN
125 G KORINTHEN
2 EL RUM
84 G HEFE (2 WÜRFEL)
2 TL ZUCKER
250 ML LAUWARME MILCH
750 G MEHL, MEHR ZUM ARBEITEN
125 G ZUCKER
1 PÄCKCHEN VANILLEZUCKER
1 MESSERSPITZE SALZ
2 TL FEIN ABGERIEBENE ZITRONENSCHALE
6 TROPFEN BITTERMANDELÖLAROMA
1 MESSERSPITZE KARDAMOMPULVER
1 MESSERSPITZE MUSKATBLÜTENPULVER
250 G ZERLASSENE BUTTER
100 G FEIN GEWÜRFELTES ZITRONAT
100 G GESCHÄLTE, GEMAHLENE MANDELN
75 G BUTTER (ZUM BESTREICHEN)
PUDERZUCKER (ZUM BESTAUBEN)

ZUBEREITUNGSZEIT CA. 1 STUNDE 30 MINUTEN

1 Sultaninen und Korinthen mit Rum übergießen und 20 Minuten ziehen lassen. In einem Sieb abtropfen lassen. Die Hefe in eine Schüssel bröckeln, 2 TL Zucker und 3 EL Milch zufügen, verrühren und 15 Minuten bei Raumtemperatur gehen lassen.

2 Zwei Drittel des Mehls in eine Schüssel geben. In die Mitte eine Mulde drücken. Zucker, Vanillezucker, Salz, Zitronenschale, Mandelaroma, Gewürze, Butter auf das Mehl geben.

3 Die Hefe-Milch in die Mulde gießen. Von der Mitte aus mit dem Mehl, der restlichen Milch und den übrigen Zutaten verrühren. Dann das restliche Mehl dazugeben und den Teig so lange kneten, bis er glatt ist und sich vom Schüsselrand löst. Dann Sultaninen, Korinthen, Zitronat und Mandeln zufügen, in den Teig kneten.

4 Den Teig zugedeckt an einem warmen Ort 1 Stunde gehen lassen. Die Arbeitsfläche dünn mit Mehl bestreuen und den Teig darauf etwa 10 Minuten kräftig kneten und schlagen, bis er elastisch ist und nicht mehr klebt. Zum Formen des Stollens den Teig zu einem Kreis mit etwa 35 cm ⌀ ausrollen. Eine Seite bis knapp so über die Mitte schlagen, dass die typische Stollenform entsteht.

5 Ein Backblech mit Backpapier belegen. Den Stollen darauf legen und zugedeckt an einem warmen Ort so lange gehen lassen, bis er sich sowohl in der Breite und in der Höhe um etwa die Hälfte vergrößert hat. Den Backofen auf 250 °C vorheizen.

6 Den Stollen in den vorgeheizten Ofen schieben. Die Backofentemperatur auf 160 °C reduzieren und den Christstollen 45 – 55 Minuten backen. Zum Bestreichen des Stollens die Butter in einem kleinen Topf schmelzen. Den Stollen aus dem Ofen nehmen. Sofort großzügig mit der Butter einpinseln und dick mit Puderzucker bestauben.

SÜSSES

SÜSSES

WALNUSSTARTE

FÜR 1 TARTEFORM (24 CM ⌀)

FÜR DEN MÜRBETEIG
125 G MEHL
30 G ZUCKER
1 EIGELB
1 PRISE SALZ
80 G KALTE BUTTER

FÜR DEN BELAG
30 G PUDERZUCKER
1 GROSSES EI
75 G SAHNE
30 G BUTTER
75 ML ORANGENLIKÖR
50 G ROHROHRZUCKER
150 G GROB GEHACKTE WALNUSSKERNE
BUTTER FÜR DIE FORM
BACKPAPIER UND HÜLSENFRÜCHTE ZUM BLINDBACKEN
PUDERZUCKER ZUM BESTÄUBEN

ZUBEREITUNGSZEIT
CA. 40 MINUTEN
KÜHLZEIT
60 MINUTEN
BACKZEITEN
15 MINUTEN (BLINDBACKEN),
35 – 40 MINUTEN (FERTIGBACKEN)

1 Aus Mehl, Zucker, Eigelb, Salz und Butter einen Mürbeteig herstellen. Die Tarteform fetten und mit dem Teig auskleiden. Den Teig mit Frischhaltefolie bedecken und in der Form 1 Stunde kalt stellen.

2 Den Backofen auf 200 °C vorheizen. Den Tarteboden mit Backpapier belegen, mit Hülsenfrüchten beschweren und 15 Minuten im heißen Ofen (Mitte) backen. Aus dem Ofen nehmen, Hülsenfrüchte und Papier entfernen.

3 Für den Belag Puderzucker, Ei und Sahne verrühren. Die Butter schmelzen und etwas abkühlen lassen. Mit Likör, Zucker und Nüssen unter die Ei-Sahne-Mischung rühren.

4 Die Nussmasse auf dem Tarteboden verteilen. Die Tarte etwa 35 – 40 Minuten im heißen Ofen (Mitte) backen. In der Form lauwarm abkühlen lassen, dick mit Puderzucker bestäuben und nach Belieben mit Crème fraîche servieren.

SÜSSES

DUKATENNUDELN

FÜR 1 NAPFKUCHENFORM (22 CM ⌀)

400 G MEHL
1 PÄCKCHEN TROCKENHEFE
50 G ZUCKER
1 PÄCKCHEN VANILLEZUCKER
1 MSP. SALZ
1 MSP. GEMAHLENER ZIMT
125 ML MILCH
100 G BUTTER
1 EI
1 EL MAGERQUARK
MEHL ZUM ARBEITEN
BUTTER FÜR DIE FORM
100 G ZERLASSENE BUTTER
150 G ZIMTZUCKER

ZUBEREITUNGSZEIT
CA. 50 MINUTEN
GEHZEIT: 70 MINUTEN
BACKZEIT: 35 MINUTEN

1 Mehl, Hefe, Zucker, Vanillezucker, Salz und Zimt in einer Schüssel mischen. In einem Topf die Milch erwärmen, die Butter in die Milch geben und darin schmelzen lassen.

2 Die Milch-Butter-Mischung mit den Knethaken des Handrührgeräts unter die Mehlmischung arbeiten, dabei das Ei und den Quark hinzufügen. Den Teig so lange durchkneten, bis er sich vom Schüsselrand löst. Die Schüssel zudecken und den Teig bei Raumtemperatur etwa 40 Minuten gehen lassen, bis er sein Volumen etwa verdoppelt hat.

3 Anschließend den Teig durchkneten; falls er zu klebrig ist, etwas Mehl dazugeben. Die Form gründlich mit Butter ausfetten. Aus dem Teig etwa golfballgroße Kugeln formen. Die Kugeln in drei Schichten in die Form geben; jede Schicht mit einem Drittel der zerlassenen Butter bestreichen und mit einem Drittel des Zimtzuckers bestreuen. Die Form mit einem Tuch zudecken und die Teigkugeln 20–30 Minuten gehen lassen.

4 Inzwischen den Backofen auf 200 °C vorheizen. Dukatennudelkuchen im heißen Ofen (unten) etwa 35 Minuten backen, bis er oben schön gebräunt ist. Aus der Form stürzen, etwas abkühlen lassen und noch warm servieren. Wer mag, kann zu dem Kuchen eine Frucht- oder Vanillesoße reichen.

SÜSSES

SÜSSES

SÜSSES

FRÜCHTEBROT

FÜR 1 BROT

400 G WEIZENMEHL (TYPE 1050)
1/2 TL SALZ
ABGERIEBENE SCHALE VON
1/2 UNBEHANDELTEN ZITRONE
1 PÄCKCHEN TROCKENHEFE
JE 80 G GETROCKNETE APRIKOSEN,
BIRNEN, PFLAUMEN UND FEIGEN
50 G MANDELN, HASELNÜSSE ODER
WALNÜSSE
MEHL ZUM ARBEITEN
BACKPAPIER FÜR DAS BACKBLECH

ZUBEREITUNGSZEIT
CA. 50 MINUTEN
RUHEZEIT: CA. 2 1/2 – 3 STUNDEN
BACKZEIT: 30 – 40 MINUTEN

1 Mehl, Salz, Zitronenschale und Hefe in einer großen Schüssel vermischen. Die Trockenfrüchte und die Nüsse grob hacken. Mit 250 ml lauwarmem Wasser zur Mehlmischung geben. Alles mit den Knethaken des Handrührgeräts zu einem klebrigen Teig verarbeiten.

2 Den Teig auf der bemehlten Arbeitsfläche mit den Händen gut 10 Minuten kräftig kneten und schlagen, bis er schön elastisch ist und nicht mehr klebt. In eine Schüssel geben, mit einem Tuch bedecken und an einem warmen Ort 1,5 – 2 Stunden gehen lassen, bis sich sein Volumen verdoppelt hat.

3 Den Teig gut kneten und zu einer Kugel formen. Ein Backblech mit Backpapier belegen; die Teigkugel darauf setzen und mit einem feuchten, lauwarmen Tuch bedecken. Nochmals 1 Stunde gehen lassen, bis der Teig auf die doppelte Größe aufgegangen ist.

4 Den Backofen auf 200 °C vorheizen. Das Brot in 30 – 40 Minuten backen, bis es schön braun ist und hohl klingt, wenn man auf die Unterseite klopft. Sollte es zu dunkel werden, mit Alufolie bedecken. Das Früchtebrot zum Abkühlen auf ein Kuchengitter setzen. Luftdicht aufbewahrt hält es sich mehrere Wochen frisch.

SÜSSES

ROTWEINKUCHEN im Glas

**FÜR 8 EINMACHGLÄSER
(JE 290 ML INHALT)**

300 G WEICHE BUTTER
200 G ROHROHRZUCKER
1 PÄCKCHEN VANILLEZUCKER
1 PRISE SALZ
4 EIER
300 G MEHL
1 PÄCKCHEN BACKPULVER
50 G GEHACKTE MANDELN
50 G GEHACKTE PEKANNUSSKERNE
1 MSP. GERIEBENE MUSKATNUSS
1 MSP. GEMAHLENE NELKEN
1/2 TL GEMAHLENER ZIMT
2 EL KAKAOPULVER
125 ML FRUCHTIGER ROTWEIN (Z. B. SPÄTBURGUNDER)
BUTTER UND SEMMELBRÖSEL FÜR DIE GLÄSER

**ZUBEREITUNGSZEIT
CA. 40 MINUTEN PLUS
40 MINUTEN BACKEN**

1 Den Backofen auf 180 °C vorheizen. Die Gläser gründlich ausfetten und mit Semmelbröseln ausstreuen. Für den Teig in einer Rührschüssel die Butter mit Zucker, Vanillezucker und Salz mit den Quirlen des Handrührgeräts schaumig schlagen. Die Eier nacheinander unterrühren, bis eine cremige Masse entstanden ist.

2 In einer zweiten Schüssel das Mehl mit Backpulver, Mandeln, Nüssen, Gewürzen und Kakao mischen. Diese Mischung portionsweise abwechselnd mit dem Rotwein unter die Butter-Eier-Masse rühren.

3 Die Masse auf die gefetteten Gläser verteilen, dabei die Gläser nur zu knapp zwei Drittel hoch mit Teig füllen; falls nötig, die Glasränder säubern. Die Gläser für etwa 40 Minuten in den heißen Ofen (unten) stellen. Die Stäbchenprobe machen. Gummiringe für die Gläser in kaltes Wasser legen und während der Backzeit darin lassen.

4 Wenn die Kuchen gar sind, die Gläser sofort fest mit den Gummiringen und Klammern verschließen (Achtung: Finger nicht verbrennen!). Die verschlossenen Gläser in den ausgeschalteten Ofen stellen und die Kuchen darin abkühlen lassen.

5 Die Gläser mit beschrifteten Etiketten versehen (darauf können z. B. die Zutaten geschrieben stehen). Fest verschlossen halten sich die Kuchen im Glas bis zu 4 Wochen im Vorratsschrank. Zum Servieren ein Glas öffnen, den Kuchen mit einem Messer vom Rand lösen und auf einen Teller stürzen. Dazu schmeckt Schlagsahne mit Vanillezucker und Zimt, aber auch Vanille- oder eine andere Soße.

SÜSSES

SÜSSES

SÜSSES

Winterliche APFELMUFFINS

FÜR 12 MUFFINS

200 G MEHL
150 G BRAUNER ZUCKER
100 G BLÜTENZARTE HAFERFLOCKEN
2 EL MARGARINE
1 TL ZIMTPULVER
1/2 TL KARDAMOM, GEMAHLEN
1/4 TL NELKENPULVER
1/4 TL MUSKATBLÜTE
1/4 TL GERIEBENE MUSKATNUSS
1/4 TL SALZ
300 G APFELMUS, UNGESÜSST
60 ML PFLANZENÖL
30 G FETTFREIER EI-ERSATZ
1 GROSSER APFEL,
KLEIN GESCHNITTEN

**ZUBEREITUNGSZEIT
CA. 10 MINUTEN PLUS
20 MINUTEN BACKEN**

1 Den Backofen auf 190 °C vorheizen. In die Vertiefungen eines 12er-Muffinblechs Papierförmchen geben. 40 g Mehl, 50 g braunen Zucker, 50 g Haferflocken und die Margarine in eine Schüssel geben. Margarine mit den Fingern einarbeiten, bis sie mit den trockenen Zutaten verbunden ist. Die Konsistenz wird fein streuselig. Beiseitestellen.

2 Restliches Mehl (160 g), 50 g Haferflocken, Natron, Gewürze und Salz in einer Schüssel mischen. In die Mitte eine Vertiefung drücken.

3 Apfelmus, Öl, 100 g braunen Zucker und Ei-Ersatz in einer zweiten Schüssel verrühren, bis der Zucker aufgelöst ist. Alles auf einmal in die Vertiefung gießen. Nur so lange rühren, bis alles gerade eben vermengt ist. Der Teig soll noch Klümpchen enthalten. Apfelstücke einrühren.

4 Den Teig auf die Papierförmchen verteilen. Mit der beiseitegestellten Streuselmischung bestreuen. Etwa 20 Minuten backen. Für die Garprobe mit einem Holzstäbchen in die Mitte stechen. Wenn nichts daran haftet, sind die Muffins fertig.

SÜSSES

Klassische BRATÄPFEL

FÜR 4 PORTIONEN

4 GROSSE SÄUERLICHE ÄPFEL
(BOSKOP ODER GLOCKENÄPFEL)
10 MANDELN
4 EL JOHANNISBEERGELEE
2 EL KORINTHEN
50 G BUTTER
2 EL HONIG

ZUBEREITUNGSZEIT
CA. 20 MINUTEN PLUS
20 MINUTEN BACKEN

1 Die Äpfel waschen, trocken tupfen und das Kerngehäuse großzügig ausstechen. Die Mandeln mit kochendem Wasser überbrühen, von der Schale befreien und grob hacken.

2 Das Gelee, die Korinthen und die gehackten Mandeln mischen. Die Füllung in die ausgehöhlten Äpfel füllen.

3 Zwei Drittel der Butter in einem kleinen Topf schmelzen lassen. Dann in eine kleine Auflaufform gießen, mit einem Pinsel verteilen und die Äpfel hineinsetzen. Im Backofen etwa 20 Minuten backen, bis die Haut der Äpfel aufplatzt.

4 Äpfel mit der restlichen Butter belegen und mit dem Honig beträufeln. Dazu passt eine Vanillesoße.

UNSER TIPP

Man kann statt des Gelees auch Johannisbeermarmelade oder andere Marmelade nehmen. Saurer wird die Füllung durch Zugabe von 2 TL Zitronensaft und der abgeriebenen Schale einer halben unbehandelten Zitrone.

SÜSSES

SÜSSES

SÜSSES

APFELSTRUDEL in der Form

FÜR 4 PORTIONEN

4 ÄPFEL (600 G)
SAFT VON 1/2 ZITRONE
1 MSP. GEMAHLENER ZIMT
40 G MANDELSTIFTE,
MEHR ZUM BESTREUEN
100 G BRAUNER ZUCKER
80 G BUTTER
120 G STRUDELTEIG
(4 TEIGBLÄTTER, JE 40 × 40 CM;
ERSATZWEISE FILO- ODER
YUFKATEIG)
1 EL GEMAHLENE MANDELN ODER
GRIESS

ZUBEREITUNGSZEIT
CA. 15 MINUTEN PLUS
30 MINUTEN BACKEN

1 Den Backofen auf 200 °C vorheizen. Äpfel schälen, entkernen und in kleine Stücke schneiden. In eine Schüssel geben. Mit Zitronensaft, Zimt, Mandelstiften und 50 g Zucker mischen.

2 Die Butter zerlassen. Eine rechteckige ofenfeste Form (etwa 20 × 30 cm) mit etwas flüssiger Butter ausstreichen. Ein Teigblatt auseinanderfalten und so in die Form legen, dass die Ränder darüberhängen. Das Teigblatt mit Butter bestreichen und ein zweites Teigblatt darauflegen. Den Teigboden mit gemahlenen Mandeln oder Grieß bestreuen.

3 Die Apfelmischung als Streifen mittig auf den Teig geben. Die überhängenden Strudelblätter rundherum darüberschlagen, dabei das Ganze vorsichtig in eine Strudelform zurechtdrücken.

4 Ein drittes Teigblatt auseinanderfalten und auf den Strudel legen, mit Butter bestreichen und darauf das vierte Blatt legen. Die Seiten der beiden oberen Blätter vorsichtig unter den Strudel schieben, damit er rundherum geschlossen ist.

5 Den Strudel mit der restlichen zerlassenen Butter bestreichen. Mit dem restlichen Zucker (50 g) und ein paar Mandelstiften bestreuen. Den Strudel im heißen Ofen etwa 30 Minuten backen; falls er vor Ende der Backzeit zu dunkel wird, mit Alufolie bedecken.

SÜSSES

FÜR 1 SPRINGFORM (28 CM ⌀)

50 ML MILCH
75 G BUTTER,
MEHR FÜR DIE FORM
500 G SÄUERLICHE ÄPFEL
(Z. B. GRAVENSTEINER)
1 EL ZITRONENSAFT
2 EL ROHROHRZUCKER
1/4 TL GEMAHLENER ZIMT
3 EL SEMMELBRÖSEL
3 EIER
150 G ZUCKER
225 G MEHL
1 TL BACKPULVER

ZUBEREITUNGSZEIT
CA. 20 MINUTEN PLUS
25 MINUTEN BACKEN

Feiner APFELKUCHEN

1 Die Milch erhitzen. Die Butter in Stücke schneiden und unter gelegentlichem Rühren in der Milch schmelzen lassen. Die Mischung lauwarm werden lassen.

2 Die Äpfel schälen, vierteln, entkernen und in etwa 1 cm dicke Spalten schneiden. Die Apfelspalten in einer Schüssel mit Zitronensaft, Rohrohrzucker, Zimt und 2 EL Semmelbröseln mischen.

3 Eine Springform mit ca. 28 cm ⌀ ausfetten und mit den restlichen Semmelbröseln (1 EL) ausstreuen. Den Backofen auf 200 °C vorheizen.

4 Eier und Zucker mit den Quirlen des Handrührgeräts in etwa 8 Minuten zu einer dicken Creme aufschlagen. Mehl und Backpulver mischen, über die Eiercreme sieben und unterrühren, dabei die lauwarme Milch-Butter-Mischung dazugießen.

5 Die Masse in die Form füllen und die Apfelspalten darauf verteilen. Den Kuchen im heißen Ofen (Mitte) etwa 25 Minuten backen. Erst 5 Minuten in der Form, dann auf einem Kuchengitter weiter abkühlen lassen. Lauwarm oder abgekühlt servieren.

SÜSSES

REGISTER

A
Apfel
  Apfelstrudel in der Form 153
  Colcannon-Pie 87
  Feiner Apfelkuchen 154
  Gans mit Apfelfüllung 107
  Karamellisierte Äpfel mit Trauben und Nüssen 99
  Klassische Bratäpfel 150
  Maronenauflauf 70
  Möhrensuppe mit Apfelsaft 30
  Ofenschlupfer 127
  Rosenkohl-Kartoffel-Gemüse mit Senfvinaigrette 53
  Sauerkrauteintopf mit Kasseler 37
  Schweinekotelett auf Wirsing-Apfel-Bett 111
  Winterliche Apfelmuffins 149
  Zwetschgen-Maultaschen mit Fruchtsoße 136
Armer Ritter 128

B
Bayerischer Wald 9
Birne
  Kürbissuppe mit Birne und Sellerie-dip 22
Bratwurst
  Kohlrabiauflauf mit Bratwurst 88
Brokkoli
  Brokkoli-Pastinaken-Suppe mit Speckstreifen 21
  Brokkolipastete 74
  Brokkoli-Walnuss-Hörnchen 77
Brotwürfel 21
Bulgur
  Rosenkohl und Bulgur mit Haselnuss-Sesam-Pesto 54

C
Champignons
  Krautwickel mit süßer Tomatensoße 91
Chili con Carne 41
Christstollen 139
Colcannon-Pie 87
Couscous
  Kürbis-Couscous mit Lamm 115

D
Dukatennudeln 142

E
Eislaterne 27
Erbsen
  Hühnertopf mit Nudeln und Gemüse 38
  Irish Stew 112
  Linseneintopf mit Zwiebeln 18
Esskastanien
  Kastaniencremesuppe mit Rehrückenstreifen 17
  Maronenauflauf 70

F
Feiner Apfelkuchen 154
Feuerzangenbowle 57
Früchtebrot 145
Frühlingszwiebel
  Kohlrabiauflauf mit Bratwurst 88
  Rosenkohl-Kartoffel-Gemüse mit Senfvinaigrette 53
  Rosenkohlgratin mit Currysoße 69
  Rote-Bete-Suppe mit Ingwer und Kokosmilch 29
  Spiralen mit roten Linsen 78

G
Gaisburger Marsch 13
Gans mit Apfelfüllung 107
Gebratener Kürbis mit Schalotten 45
Geflügel
  Colcannon-Pie 87
  Gans mit Apfelfüllung 107
  Hühnertopf mit Nudeln und Gemüse 38
  Stubenküken mit Orange 99
Glühwein mit Schuss 57
Gulasch 83

H
Handgeschabte Spätzle 13
Honig-Mandel-Milch 59
Hühnertopf mit Nudeln und Gemüse 38

I
Ingwer
  Kürbissuppe mit Birne und Sellerie-dip 22
  Quittenauflauf 131
  Rosenkohlgratin mit Currysoße 69
  Rote-Bete-Suppe mit Ingwer und Kokosmilch 29
  Zitronen-Ingwer-Tee 59
  Zwetschgen-Maultaschen mit Fruchtsoße 136
Irish Stew 112

K
Kakao 9
Karamellisierte Äpfel mit Trauben und Nüssen 99
Kartoffeln
  Brokkoli-Pastinaken-Suppe mit Speckstreifen 21
  Colcannon-Pie 87
  Gaisburger Marsch 13
  Gulasch 83

Irish Stew 112
Kartoffeln und Rosenkohl in Käsesoße 61
Knusprige Rosmarinkartoffeln 62
Kürbissuppe mit Birne und Selleriedip 22
Pastinaken-Gnocchi mit Salbei 46
Pichelsteiner Eintopf 14
Rosenkohl-Kartoffel-Gemüse mit Senfvinaigrette 53
Sauerkrauteintopf mit Kasseler 37
Zwetschgen-Maultaschen mit Fruchtsoße 136

Käse
Kartoffeln und Rosenkohl in Käsesoße 61
Kohlrabiauflauf mit Bratwurst 88
Maronenauflauf 70
Wirsinggratin mit Cheddar 66
Zwiebelsuppe 100

Kastaniencremesuppe mit Rehrückenstreifen 17

Kidneybohnen
Chili con Carne 41

Klassische Bratäpfel 150

Knoblauch
Chili con Carne 41
Gulasch 83
Kürbiscremesuppe 34
Kürbislasagne mit Pak-Choi und Soja 49
Lammkeule mit Kräutern und Knoblauch 101
Linseneintopf mit Zwiebeln 18
Maronenauflauf 70
Schweinefilet im Wirsingmantel 104
Spiralen mit roten Linsen 78
Zwiebelsuppe 100

Knusprige Rosmarinkartoffeln 62

Kohlrabiauflauf mit Bratwurst 88

Kohlrouladen 84

Kohlsorten 7

Kokosmilch
Rosenkohlgratin mit Currysoße 69
Rote-Bete-Suppe mit Ingwer und Kokosmilch 29

Kolumbus 9

Krautwickel mit süßer Tomatensoße 91

Kürbis
Gebratener Kürbis mit Schalotten 45
Kürbis-Couscous mit Lamm 115
Kürbiscremesuppe 34
Kürbislasagne mit Pak-Choi und Soja 49
Kürbisspätzle 73
Kürbissuppe mit Birne und Selleriedip 22
Rehmedaillons mit Kürbis-Wirsing-Gemüse 92

L

Lamm
Irish Stew 112
Kürbis-Couscous mit Lamm 115
Lammkeule mit Kräutern und Knoblauch 101

Lauch
Gaisburger Marsch 13
Hühnertopf mit Nudeln und Gemüse 38
Irish Stew 112
Lauchcremesuppe 33
Linsen-Gemüse-Pfanne mit Kürbiskernen 50
Pichelsteiner Eintopf 14
Schweinshachsen 108

Linsen
Linsen-Gemüse-Pfanne mit Kürbiskernen 50
Linseneintopf mit Zwiebeln 18
Spiralen mit roten Linsen 78

M

Maronen
siehe Esskastanien

Minirouladen in Rotweinsoße 96

Möhren
Brokkoli-Pastinaken-Suppe mit Speckstreifen 21
Colcannon-Pie 87
Gaisburger Marsch 13
Hühnertopf mit Nudeln und Gemüse 38
Irish Stew 112
Linsen-Gemüse-Pfanne mit Kürbiskernen 50
Linseneintopf mit Zwiebeln 18
Maronenauflauf 70
Möhrensuppe mit Apfelsaft 30
Pichelsteiner Eintopf 14
Schweinshachsen 108

N

Nudeln
Brokkoli-Walnuss-Hörnchen 77
Hühnertopf mit Nudeln und Gemüse 38
Spiralen mit roten Linsen 78

Nüsse
Apfelstrudel in der Form 153
Brokkoli-Walnuss-Hörnchen 77
Christstollen 139
Früchtebrot 145
Honig-Mandel-Milch 59
Karamellisierte Äpfel mit Trauben und Nüssen 99
Klassische Bratäpfel 150
Maronenauflauf 70
Ofenschlupfer 127
Orangencreme mit Pistazie 101
Quittenauflauf 131
Rehmedaillons mit Kürbis-Wirsing-Gemüse 92
Rosenkohl und Bulgur mit Haselnuss-Sesam-Pesto 54

REGISTER

Rotweinkuchen im Glas 146
Schokoladentarte mit gerösteten Haselnüssen 135
Schweinefilet im Wirsingmantel 104
Walnusstarte 141

O
Ofenschlupfer 127
Orange
Feuerzangenbowle 57
Orangencreme mit Pistazie 101
Rote-Bete-Suppe mit Ingwer und Kokosmilch 29
Stubenküken mit Orange 99

P
Pak-Choi
Kürbislasagne mit Pak-Choi und Soja 49
Paprikaschote
Spiralen mit roten Linsen 78
Pastinaken
Brokkoli-Pastinaken-Suppe mit Speckstreifen 21
Pastinaken-Gnocchi mit Salbei 46
Petersilienwurzel
Pichelsteiner Eintopf 14
Pichelsteiner Eintopf 14
Pichelsteinerfest 9
Porree
siehe Lauch

Q
Quittenauflauf 131

R
Rehmedaillons mit Kürbis-Wirsing-Gemüse 92
Rehrücken mit Pfefferkruste 116
Rindfleisch
Chili con Carne 41
Gaisburger Marsch 13
Gulasch 83

Kohlrouladen 84
Krautwickel mit süßer Tomatensoße 91
Minirouladen in Rotweinsoße 96
Pichelsteiner Eintopf 14
Zürcher Geschnetzeltes 103
Zwiebelrostbraten 95
Rosenkohl
Kartoffeln und Rosenkohl in Käsesoße 61
Rosenkohl und Bulgur mit Haselnuss-Sesam-Pesto 54
Rosenkohl-Kartoffel-Gemüse mit Senfvinaigrette 53
Rosenkohlgratin mit Currysoße 69
Rote-Bete-Suppe mit Ingwer und Kokosmilch 29
Rotweinkuchen im Glas 146

S
Salzburger Nockerln 123
Sauerkirschen
Armer Ritter 128
Sauerkrauteintopf mit Kasseler 37
Schalotten
Gebratener Kürbis mit Schalotten 45
Schneekugel 24
Schokolade 7
Schokoladentarte mit gerösteten Haselnüssen 135
Schupfnudeln
Spitzkohl mit Schupfnudeln 65
Schwarzwurzel-Speck-Quiche 119
Schweinefleisch
Pichelsteiner Eintopf 14
Sauerkrauteintopf mit Kasseler 37
Schweinefilet im Wirsingmantel 104
Schweinekotelett auf Wirsing-Apfel-Bett 111
Schweinshachsen 108

Sellerie
Gaisburger Marsch 13
Kürbissuppe mit Birne und Selleriedip 22
Linsen-Gemüse-Pfanne mit Kürbiskernen 50
Maronenauflauf 70
Pichelsteiner Eintopf 14
Rosenkohl-Kartoffel-Gemüse mit Senfvinaigrette 53
Schweinshachsen 108
Serotonin 7
Shiitake-Pilze
Linseneintopf mit Zwiebeln 18
Soja
Kürbislasagne mit Pak-Choi und Soja 49
Spätzle 13
Speck
Brokkoli-Pastinaken-Suppe mit Speckstreifen 21
Gulasch 83
Kohlrouladen 84
Minirouladen in Rotweinsoße 96
Schwarzwurzel-Speck-Quiche 119
Spiralen mit roten Linsen 78
Spitzkohl mit Schupfnudeln 65
Stubenküken mit Orange 99
Suppe mit Biskuitherzen 98

T
Theobromin 7
Tomaten
Chili con Carne 41
Gulasch 83
Krautwickel mit süßer Tomatensoße 91
Kürbislasagne mit Pak-Choi und Soja 49
Linseneintopf mit Zwiebeln 18
Schweinefilet im Wirsingmantel 104
Spiralen mit roten Linsen 78
Tryptophan 7

W

Walnusstarte 141
Weißkohl
  Kohlrouladen 84
  Krautwickel mit süßer Tomatensoße 91
Wild
  Kastaniencremesuppe mit Rehrückenstreifen 17
  Rehmedaillons mit Kürbis-Wirsing-Gemüse 92
  Rehrücken mit Pfefferkruste 116
Wintergemüse 7
Winterliche Apfelmuffins 149
Winterliche Glühweinschnitten 132
Wirsing
  Colcannon-Pie 87
  Rehmedaillons mit Kürbis-Wirsing-Gemüse 92
  Schweinefilet im Wirsingmantel 104
  Schweinekotelett auf Wirsing-Apfel-Bett 111
  Wirsinggratin mit Cheddar 66

Z

Zitrone
  Apfel-Zimt-Punsch 58
  Apfelstrudel in der Form 153
  Christstollen 139
  Feiner Apfelkuchen 154
  Feuerzangenbowle 57
  Früchtebrot 145
  Glühwein mit Schuss 57
  Krautwickel mit süßer Tomatensoße 91
  Kürbissuppe mit Birne und Selleriedip 22
  Lammkeule mit Kräutern und Knoblauch 101
  Lauchcremesuppe 33
  Linsen-Gemüse-Pfanne mit Kürbiskernen 50
  Maronenauflauf 70
  Rosenkohl und Bulgur mit Haselnuss-Sesam-Pesto 54
  Rosenkohlgratin mit Currysoße 69
  Salzburger Nockerln 123
  Spitzkohl mit Schupfnudeln 65
  Wirsinggratin mit Cheddar 66
  Zitronen-Ingwer-Tee 59
  Zürcher Geschnetzeltes 103
  Zwetschgen-Maultaschen mit Fruchtsoße 136
  Zwetschgenknödel 124
Zucchini
  Kürbis-Couscous mit Lamm 115
  Kürbiscremesuppe 34
Zürcher Geschnetzeltes 103
Zwetschgen
  Zwetschgen-Maultaschen mit Fruchtsoße 136
  Zwetschgenknödel 124
Zwiebeln
  Brokkoli-Pastinaken-Suppe mit Speckstreifen 21
  Brokkoli-Walnuss-Hörnchen 77
  Chili con Carne 41
  Colcannon-Pie 87
  Gulasch 83
  Hühnertopf mit Nudeln und Gemüse 38
  Irish Stew 112
  Kastaniencremesuppe mit Rehrückenstreifen 17
  Kohlrabiauflauf mit Bratwurst 88
  Kohlrouladen 84
  Krautwickel mit süßer Tomatensoße 91
  Kürbiscremesuppe 34
  Kürbissuppe mit Birne und Selleriedip 22
  Linseneintopf mit Zwiebeln 18
  Maronenauflauf 70
  Minirouladen in Rotweinsoße 96
  Möhrensuppe mit Apfelsaft 30
  Pichelsteiner Eintopf 14
  Rehmedaillons mit Kürbis-Wirsing-Gemüse 92
  Rosenkohl und Bulgur mit Haselnuss-Sesam-Pesto 54
  Rosenkohl-Kartoffel-Gemüse mit Senfvinaigrette 53
  Rosenkohlgratin mit Currysoße 69
  Sauerkrauteintopf mit Kasseler 37
  Schweinefilet im Wirsingmantel 104
  Schweinekotelett auf Wirsing-Apfel-Bett 111
  Schweinshachsen 108
  Spiralen mit roten Linsen 78
  Spitzkohl mit Schupfnudeln 65
  Stubenküken mit Orange 99
  Zwiebelrostbraten 95
  Zwiebelsuppe 100
Zwiebelrostbraten 95

IMPRESSUM und BILDNACHWEIS

Einleitung
Ingeborg Pils für bookwise GmbH, München

Reader's Digest
Redaktion: Helin Dag, Falko Spiller
Grafik und Prepress: Klaus Eitel
Bildredaktion: Sabine Schlumberger

Redaktionsdirektor: Michael Kallinger
Redaktionsleiterin Buch: Almuth Stiefvater
Art Director: Susanne Hauser

Produktion
arvato distribution: Thomas Kurz

Druck und Binden
Livonia Print, Riga

© 2020 Reader's Digest Deutschland, Schweiz, Österreich
Verlag Das Beste GmbH, Stuttgart, Appenzell, Wien

Das Werk einschließlich aller seiner Teile ist urheberrechtlich geschützt. Jede Verwendung außerhalb der engen Grenzen des Urheberrechtsgesetzes ist ohne Zustimmung des Verlags unzulässig und strafbar. Das gilt insbesondere für Vervielfältigungen, Übersetzungen, Mikroverfilmungen und die Verarbeitung in elektronischen Systemen.

Printed in Latvia
ISBN 978-3-96211-024-6

Bildnachweis
Alle Abbildungen von iStock, Reader's Digest, Shutterstock.com,
außer auf den Seiten 24/25: Steffen Hägele und 26/27: Flora Press/Helga Noack

Besuchen Sie uns im Internet
readersdigest-verlag.de | readersdigest-verlag.ch | readersdigest-verlag.at